JACQUES-ÉMILE BLANCHE

PROPOS DE PEINTRE

DE GAUGUIN

A LA

REVUE NÈGRE

TROISIÈME SÉRIE

GAUGUIN, MONET, SARGENT, HELLEU, VAN GOGH,
LA PEINTURE ANGLAISE MODERNE, DADA,
LA REVUE NÈGRE

Huitième édition.

PARIS
ÉDITIONS EMILE-PAUL FRÈRES
14, RUE DE L'ABBAYE, VIe

1928

DE GAUGUIN

A LA

REVUE NÈGRE

DU MÊME AUTEUR

Propos de Peintre :

Première Série. — De David à Degas. (Emile-Paul.)
Deuxième Série. — Dates. (Emile-Paul).

Divers :

Cahiers d'un Artiste (1914-1917. 6 vol. (Emile-Paul.)
Dieppe (Dans la collection *Portraits de la France*).
(Emile-Paul.)
Passy (De la collection *Visages de Paris*). (Lafitte.)
Manet (De la collection *Maîtres de l'Art moderne*). (Rieder.)

Romans et nouvelles :

Tous des Anges. (Albin Michel, éd.)
Aymeris. (La Sirène.)
Idéologues. (Kra.)
Le Bracelet tensimétrique (Kra).

Collection "Les Ecrits de J.-E. Blanche" :

Les Cloches de Saint-Amarain, roman. (Emile-Paul.)
Aymeris, roman. (*A paraître.*)

En préparation :

Mes Modèles, souvenirs. (Stock.)
Emilienne et la maternité, roman. (Stock.)
Londres. (The Hogarth Press.)

JACQUES-ÉMILE BLANCHE

PROPOS DE PEINTRE

DE GAUGUIN
A LA
REVUE NÈGRE

TROISIÈME SÉRIE :

GAUGUIN, MONET, SARGENT, HELLEU, VAN GOGH,
LA PEINTURE ANGLAISE MODERNE, DADA,
LA REVUE NÈGRE

PARIS

ÉDITIONS ÉMILE-PAUL FRÈRES

14, RUE DE L'ABBAYE, VIᵉ

1928

PROPOS DE PEINTRE

[A MAX JACOB]

C'est à vous, mon cher Max Jacob, que j'ai le plus souvent pensé, en relisant, pour les réunir en un troisième volume de *Propos de peintre* (dont le premier, *De David à Degas*, était dédié à Marcel Proust), mes articles de la *Revue de Paris*, de la *Revue hebdomadaire* et de l'*Art vivant*. Il en a déjà tant paru, de ces chroniques et de ces essais sur les artistes de mon temps, que je ne savais plus quel choix faire, ni de quel fil je pourrais coudre ensemble des morceaux écrits au jour le jour. Vous êtes un des rares hommes qui, à cheval sur quelques générations, se souviennent de certains disparus, de petites ou de grandes gloires d'avant-hier que les jeunes gens semblent ignorer, ou méconnaissent. A la mort de Helleu, comme j'adressais des notes sur lui à l'*Art vivant*, je sentis une résistance de la part de la Rédaction. Évidemment, on aurait préféré une « Promenade » du côté des jeunes maîtres partout racontés, prônés et qui incarnent aujourd'hui « l'art vivant ». Un autre article, désapprouvé, sur Van Gogh, fut imprimé tout de même, mais coiffé d'un « chapeau » par lequel les inspirateurs du journal « d'avant-garde » se déchargeaient de toute responsabilité, me laissant abîmé sous le faix de mon « papier blasphématoire ». Helleu? Oh! Helleu, un de mes camarades, je lui pouvais bien accorder quelque attention. L'article avait passé sans « chapeau »; un écho dans les *Nouvelles littéraires*, la semaine suivante, remit les choses au point : selon l'orthodoxe auteur de ces lignes, fort aimables d'ailleurs, J.-E. Blanche ne devait point avoir « la conscience tranquille ». Il rabaisse les grands et n'a d'indulgence que pour les médiocres. Au même instant, j'étais accusé de trahison à l'endroit d'un compagnon de jeunesse, par certains lecteurs de la *Revue hebdomadaire*, à laquelle j'avais donné une plus longue étude sur Helleu et le monde de son époque.

Mais vous, Max Jacob, avez assez connu Paris à la fin du xix° siècle, pour savoir ce qu'avaient été un Helleu, un Sargent, quand Gauguin, employé de banque, peignait, le dimanche, des nus de femmes malingres, des paysages à la Pissarro ; quand Seurat n'était pas encore au Louvre, quand nous cherchions les toiles du Douanier, aux *Indépendants*, qui étaient alors indépendants, sans croire à la valeur qu'elles prendraient plus tard à la Bourse; quand... Mais quoi? Tout était si différent, qu'Octave Mirbeau admirait Helleu presque à l'égal de Monet, Gauguin comme Carrière. Ce à quoi je m'évertue en mes articles sur les artistes, c'est d'apprendre aux vivants ce que certains furent avant d'être *sur-* ou *sous*-estimés, le plus souvent d'être oubliés. La candide ignorance des jeunes critiques quand ils traitent des peintres des ans 1860-1900, eux si « câlés » sur les arts depuis les « hautes époques » jusqu'au xix° siècle, leur ignorance se trahit par les associations de noms du second Empire et du début de la République, dont ils se servent pour nous remontrer que, hormis les rares génies élus de leur cœur, l'art français n'a compté que des fruits secs. Aux lacunes de leur information, attribuerons-nous cette autre infériorité: ils ne comprennent que ce qui se fait autour d'eux ? Eh bien, je crois comprendre ce qui se peint aujourd'hui, tout aussi bien qu'eux; mais je comprends aussi et j'aime des choses qu'ils ne comprennent pas. Combien d'entre nos doctrinaires semblent racornis par la sclérose ; ils n'ont que l'apparence de la jeunesse. Vous, Max, avez été à l'origine de tous les mouvements actuels ; avec Apollinaire, vous avez remué le *Cornet à dés* où s'agitaient toutes les idéologies

dont ils vivent, et, tout de même, vous êtes venu à
moi, spontanément. Je voulais vous en remercier,
mon cher ami, en vous dédiant ce volume où vous
trouverez du vieux et du neuf.

*
* *

Avant vous, nous avons eu, aussi, nos « temps
héroïques ». C'était ceux de l'impressionnisme et
du symbolisme. Aussi l'un des rares témoins encore
vivants a cru bon, en ce recueil d'essais, de confronter
Gauguin et des artistes moins remarquables, mais
qui furent tous, à la fois, en évidence.

GAUGUIN [1]

Gauguin est venu à Dieppe, non chez son ex-beau-frère Thaulow, mais incognito. Je l'avais vu passer sous mes fenêtres, au Bas-Fort-Blanc, allant peindre, dans les rochers, les parcs à poissons. Si Thaulow m'engageait à ne pas lui parler, l'aspect de Gauguin ne me sollicitait point, d'ailleurs. Sa curieuse physionomie (dont nous avons de beaux portraits par lui-même), l'extravagance de sa mise, et un certain air hagard, que trop de fois mon père m'avait indiqués comme les signes de la mégalomanie, m'éloignaient de lui. Si cet homme-là n'était pas un fou, il devait être un client de ces brasseries moyenâgeuses où nous allions, dans le quartier Pigalle, avec des poètes.

Pourtant Gauguin, non encore chef d'école à Pont-Aven, venait à peine de quitter les bureaux d'un agent de change ; il ne peignait que les dimanches et

1. *La Revue de Paris*, mai 1920.

les jours fériés, des nus et de fins paysages à la manière impressionniste la plus modérée. Je crois avoir encore devant moi la petite toile du parc à poissons, qu'en cachette Pissaro me montra, et que Gauguin avait faite si près de chez moi, tandis que Helleu papillonnait sur la terrasse du casino. Helleu, prévenu plus que moi peut-être contre les façons de Gauguin, s'écriait, quand nous le croisions dans les rues de Dieppe :

« Un mage, mon cher, un « symbolo » d'hostellerie; regardez-moi sa main ! il porte à l'index un *bijou d'art!* Ça fait du mal à la santé de voir ça. Impossible d'avoir du talent avec une pareille dégaine, voyez-vous; *il parle tout seul!* Il a l'air dessiné d'après Albert Dürer. »

Mais, Helleu le savait comme moi, ce fol était un vrai artiste, malgré cette « dégaine », cet aspect « mage » qu'il accentuerait plus tard, en Bretagne, dans l'auberge que ses camarades et lui enlumineraient de bariolages gothiques. Combien même ne faut-il pas qu'il ait eu de qual'té, pour ne l'avoir pas perdue sous l'influence d'un goût littéraire rosecroix qui, tout de même, devait être un peu le sien propre. A cette époque-là (pourquoi?), un des sarcasmes que nous adressions à un peintre *intellectuel*, c'était : « *Il fait du quattrocento.* » Les primitifs italiens nous semblaient (en protestation

contre la mode du préraphaélitisme anglais) du
« vieux jeu ». Un côté des œuvres de Gauguin,
quoique je me défende contre le retour d'anciennes
associations d'idées, aura toujours pour moi un caractère « gothique », comme disait Helleu, mais aggravé
d'un exotisme d'explorateur : j'entends par là le
contraire de ce qu'un Chassériau en ses tableaux ou
qu'un Loti en sa langue simple, ou Morand avec sa
complication charmante, stylisent à notre intention
et selon le génie de notre race. Gauguin ne pouvait
pas composer un tableau sans penser à l'art des cal-
vaires bretons, à une estampe japonaise, à la statuaire papoue. S'il représente une baigneuse nue
(*Femme de la mer*), cette nageuse fend de son bras
une vague crêtée d'écume, festonnée comme chez les
illustrateurs japonais. S'agit-il de faire le portrait de
sa mère ? cette dame sera la Primavera de Botticelli
— et ainsi procède Gauguin chaque fois qu'il prend
le pinceau. Est-ce le groupe de la famille Schuffe-
necker (1889) ? Il lui inflige une tournure exotique.
Ses tableaux tahitiens n'apprennent pas grand'chose
à qui connaît l'admirable musée congolais de Ter-
vueren [1].

1. Quand on a contemplé ces extraordinaires créations du
génie nègre, on se demande ce que Gauguin et les modernes ont
inventé. Toutefois, cette sculpture nègre dont on nous parle
comme de l'égale des sculptures grecque ou égyptienne, chinoise
ou hindoue, peut-on dire, après tout, qu'elle exprime de la beauté ?

Le disciple de Degas, qui pouvait dessiner avec tant de style d'après nature, fausse ses dons d'observateur direct en consultant les dessins des maîtres. D'où ce qu'il y a d'un peu factice chez Gauguin. Mais cette opération de l'esprit, qui est une des marques de son individualité, allait devenir commune à tant d'artistes, que nos objections d'autrefois ne valent plus rien, à moins que l'on ne nie presque toute la production moderne : et c'est le contraire de notre cas. A partir de Gauguin, le monde extérieur n'a plus de beauté que si la peinture le recrée.

PAUL GAUGUIN ET CHARLES MORICE,
INITIATEURS

Puisque ces deux hommes n'ont pas encore de statues pour rappeler au passant qu'ils furent aussi importants que M. Lumière, l'inventeur du cinéma, nous ne saurions témoigner assez de gratitude à l'éditeur qui publie enfin le *Paul Gauguin* de

Vivante, expressive, humaine, elle l'est. Mais belle ? Il ne nous semble pas qu'il y ait impertinence à dire que, quoi qu'on en ait, nous nous trouvons là en face de productions de races peu évoluées. Il est en train de se former, d'après ce grotesque, ce caricatural, ce fantastique nègre, une sorte d'académisme qui finira par être aussi plat que la tradition gréco-latine transmise par l'École des beaux-arts.

Charles Morice. Ce magnifique ouvrage, avec ses reproductions en noir ou en couleurs et son texte si bien imprimé, commentant des planches d'un rendu très exact, tout amateur le consultera avec fruit, à l'occasion de maintes « manifestations artistiques » de ce que Charles Morice fut l'un des premiers à appeler *l'Avant-garde*.

Je propose ces deux dates à retenir :

1° La préface manifeste de Charles Morice au catalogue de l'exposition Gauguin (trois ans après sa mort, en 1906). « *Les admirateurs renseignés, fort tranquilles quant à l'avenir, se demandaient avec curiosité si le public de la minute était prêt à comprendre. On trouvera dans les pages que voici le retentissement de cette anxiété; elle s'exprime jusque dans la précaution que j'avais cru devoir prendre, d'abriter du nom de Carrière celui de Gauguin... Gauguin*, ajoute Charles Morice, *inaugurait le* Lendemain de l'impressionnisme, *trop tôt. C'est de* cela *qu'on eut horreur, c'est* cela *qui ne peut plaire ni aux amateurs, ni aux femmes, ni aux sous-secrétaires d'État. Cela, qu'est-ce donc? Ce livre est écrit pour répondre à cette question.* »

2° Les sous-secrétaires d'État comprennent. Carrière est mort : il n'est plus compris, on l'oublie. Le Salon des Indépendants de février 1920, après vingt autres salons et salonnets, répond aussi à la question de Charles Morice : « Cela, qu'est-ce donc ? »

Eh bien ! ne serait-ce pas un mal qui se déclara vers 1893, au retour de Gauguin de Tahiti, et qui se développe encore : l'*éréthisme esthétique* ? L'art passe du plan intellectuel à celui de la tératologie.

*
* *

Regardons dans le livre de Charles Morice les portraits de Paul Gauguin par lui-même, genre « vieux chef-d'œuvre » ; d'abord un portrait peint à l'huile, la palette à la main ; plus loin, un profil dessiné sur une feuille maculée, maquillée, et qui fait encore plus « la blague » du chef-d'œuvre. Ce crayon est, d'ailleurs, d'un beau caractère léonardesque.

Voici qu'apparaît le « dessin de maître » fait à volonté. Il faudrait écrire tout un livre sur l'histoire du « dessin de maître » tel que l'enseigna Alphonse Legros à la Slade School de Londres. Ce dessin accentué, stylisé et inspiré surtout des Italiens de la Renaissance, ce pastiche, de bon ton dans maints ateliers britanniques, allait remplacer l'ancienne formule académique bâtarde, à la française, que Gustave Moreau bannirait de sa classe à l'École des beaux-arts, où étaient venues s'instruire des générations d'élèves de toutes nationalités. Le style genre « des-

sin-de-mattre », il faudrait avoir le loisir d'en analyser les multiples expressions, depuis les études de
draperies antiques de Degas, les détestables dessins
de Moreau, les sanguines de Puvis de Chavannes
et de Paul Baudry, jusqu'au néo-classicisme de
M. Lhote et de M. André Favory, en s'arrêtant
d'abord à Gauguin, à l'école de Pont-Aven, et à tous
les cézannisants. Le retour au « style » pouvait être
fructueux pour de fortes natures d'artistes ; pour
d'autres, il n'était qu'une affectation et une préciosité.

Les auto-portraits de Gauguin me le font revoir
tel que le décrit Armand Seguin : « *Ce bonnet d'as-
trakan, cette énorme houppelande bleu foncé que
maintenaient des ciselures précieuses, et sous lesquels il apparaissait aux Parisiens un Magyar
somptueux et gigantesque, un Rembrandt de 1635,
lorsqu'il allait lentement, gravement, s'appuyant
de sa main gantée de blanc, cerclée d'argent, sur
la canne qu'il avait décorée.* »

Entre Bruant, et tant d'excentriques notabilités
« chatnoiresques » auxquelles l'apparentait la singularité voulue de sa mise et de son maintien, tel se
présentait à nous cet initiateur de l'exotisme pictural.

Qui sait encore ce que le simple mot *Papou* faisait alors couler de frais, d'agréable, le long de

notre épine dorsale ? Depuis lors, les noms Rimbaud-Gauguin ont été conjugués.

Noms prestigieux ! Mais il y aurait une auguste généalogie à établir : de Baudelaire naquirent Rimbaud, puis Laforgue ; du *Bateau ivre*, d'*Illuminations*, d'*Une saison en enfer* naquirent *Connaissance de l'Est*, puis *Nourritures terrestres*...

Iles Océaniques, palétuviers, cocotiers et tatouage... Grand style biblique.

> *Les oiseaux sont des nombres,*
> *L'algèbre est dans les arbres* [1].

La recherche du grand style biblique et légendaire, Charles Morice la signale dans les notes et les lettres de Gauguin. Ce sera toute une esthétique et une littérature. Écoutons la marche des Rois mages vers l'étoile. Le cortège est disparate et mêlé : princes et esclaves, dans des roulottes de cirque décorées avec la palette de Cézanne. Le bagage comporte mille attractions : malabaraises, la trapéziste mulâtresse de Degas, la négresse d'Olympia, des damnées baudelairiennes, des almées du *Bain turc* d'Ingres. Affiches et programmes : *Invitation au voyage*, steamers pour les *Villes tentaculaires*, les pays du Formidable, le *Jardin des Supplices*, ou pour la Bretagne des Pardons et des cal-

1. Louis Aragon.

naires gothiques d'imagerie populaire. Il y a encore un stock de masques nègres rapportés par un officier de marine, grand pianiste dans le privé ; et des catalogues illustrés de la flore des tropiques, d'où naissent comme d'un chou Bilitis et Rarahu. Pendant que se déroule la procession, Péladan psalmodie, Papus consulte le tarot ; Eric Satie, clown cabriolant, comme il l'a ouverte, ferme la marche avec la fanfare de la Rose-Croix de M. le comte Antoine de la Rochefoucauld.

Jean Dolent écrit : « *Paul Gauguin parlait de tout avec assurance ; il parlait un peu bas de ce qu'il entendait mal, disant n'avoir pas « de lettres », attendant peut-être de nous une objection que notre imparfaite éducation et aussi notre malice lui laissaient parfois attendre assez longtemps.* »

En exergue, le livre de Charles Morice pourrait porter ces lignes de M. Middleton Murry, de l'*Athaeneum* (20 février 1920), *Critical interest*.

« ... *Toute notre attention se concentre, aujourd'hui, sur l'*ORIGINALITÉ*, sur ce qui semble différent d'autre chose (à part) et il semble que la dernière pensée qui vienne à un esprit contemporain c'est d'examiner si la* DIFFÉRENCE*, le caractère d'exception* (UNIQUENESS) *ont une valeur intrinsèque...* »

Ou encore : « *La tête de nos « génies » s'affaisse sous le poids des lauriers, avant que ces jeunes créatures aient appris à se tenir droit sur leurs jambes.* »

Mirbeau, qui devait par un article célèbre imposer l'« uniqueness » de Gauguin aux lecteurs du *Figaro*, hésitait à « *fixer en notes brèves et rapides la signification de l'art si compliqué et si primitif, si clair et si divin, si barbare et si raffiné de Gauguin* ». J'estime que le genre *préface dithyrambique* qui nous empoisonne encore fut instauré par l'auteur du *Jardin des Supplices*. Et je distingue plus nettement, si je vais au Louvre, quel pont a jeté Gauguin entre les classiques et les peintres modernes dits *d'avant-garde*, créant un malentendu qui ne fera désormais que s'aggraver, sur le sens de la plupart des mots employés dans le langage d'atelier, tels que : forme, dessin, composition, style, etc...

— L'esthétique à laquelle le nom de Gauguin s'attachera désormais allait constituer un nouveau critère et une référence pour toute une école, avec le néo-impressionnisme.

*
* *

Le Paul Gauguin, que raconte Charles Morice, après avoir vu ce peintre comme il voyait l'univers, est le père spirituel des nouveaux peintres du Salon d'Hiver. Bien plus que Cézanne, le Saint-Esprit

c'est Gauguin, dont l'influence a peu à peu transformé la peinture européenne, ou plus exactement
son aspect linéaire et décoratif. Il a presque créé une
esthétique. Paul Gauguin est donc une figure essen-
tielle de la fin du xix° siècle. On s'apercevrait vite,
en lisant le livre de Charles Morice, que c'est à cet
artiste français, plus qu'à ceux de Munich, qu'est
due une bonne part de ces modes dont nous sommes
lassés, mais qui furent si impérieuses.

Gauguin, d'une voix un peu rauque, disait :
« *L'art primitif procède de l'esprit et emploie la
nature. L'art soi-disant raffiné procède de la sen-
sualité et sert la nature. La nature est la servante
du premier et la maîtresse du second. Mais la servante ne peut oublier son origine, elle avilit l'artiste en se laissant adorer par lui. C'est ainsi que
nous sommes tombés dans l'abominable erreur du
naturalisme...* »

« *... La vérité, c'est l'art cérébral pur, c'est l'art
primitif, — le plus savant de tous, — c'est l'Égypte.
Là est le principe. Dans notre misère actuelle, il n'y
a de salut possible que par le retour raisonné et
franc au principe...* », etc. Ainsi à cette époque-là,
certains artistes considéraient que l'art était en péril
et cherchaient le moyen de le sauver par un retour
en arrière.

Charles Morice entendait l'étrange boyard-marin

dire ces choses, et il « *écoutait, ravi, cette parole qui s'harmonisait avec sa propre pensée et l'éclairait* ».

Une des premières étapes de ce « retour raisonné » allait être le symbolisme en art.

Le livre, dévotement écrit par ce mystique Morice, me rappelle la grande exposition que fit en 1893 Gauguin, après son premier retour de Tahiti. J'avoue que je fus très remué par cette vaste galerie *où flambait aux murs sa vision peinte*. Il était presque toujours présent, pour écouter les réflexions du public. Morice dit : « *Bientôt, il n'eut plus de doute : on ne comprenait pas.* »

Or, comment souscrirais-je à cette affirmation de myope lyrique, quand, autour de moi, c'était un concert d'éloges, que menaient Degas avec Pissarro et à peu près tous les meilleurs artistes dont l'encouragement aurait dû compter pour Gauguin ? Les couronnes de lauriers commençaient de pleuvoir sur la tête des peintres...

La copie de l'*Olympia*, par Gauguin, que possédait Degas, m'a toujours paru établir, avec une extraordinaire puissance historique, le point où la peinture moderne cessait de prolonger la tradition française du *tableau*.

En feuilletant le *Gauguin* de chez Floury, avec ses estampes si bien choisies : cette *Femme à la mer*

avec ses vagues *stylisées*; l'eau-forte de *Mallarmé*,
stylisée en figure de vitrail; les *Tahitiennes*, sur
tapis violet; le portrait de *Mademoiselle Chuffenec-
ker*, etc.; ma conviction s'affermit qu'en ces divers
ouvrages apparaît l'écriture fabriquée des post-impressionnistes néo-classiques. Comme l'on disait alors,
cette manière ne me semblait point authentique.
L'écriture naturelle de Gauguin était assez banale.

Mais, l'art pour littérateurs, qu'est-ce donc ? L'art
du grand Frédéric Watts, peut-être, comme l'art du
gnome Odilon Redon certainement; comme l'art de
Gustave Moreau, de M. Piot, de M. Point, de charmants, comme d'exécrables artistes du Salon d'Automne et des autres Salons, jusqu'à M. Matisse qui,
pour les jeunes, est, avec Derain, *le plus grand
peintre français depuis que Renoir est mort...*
Pour la forme et pour la couleur, le seul critérium,
la seule référence de quelque autorité dont les critiques puissent se servir en jugeant les ouvrages ré-
cents, c'est l'art de Gauguin et de Van Gogh,
puisque Cézanne est déjà délaissé... ou inacces-
sible aux imitateurs. Néanmoins, aux Indépendants,
le nom de Cézanne flambait comme celui d'une
victoire inscrit en or sur un pont; Cézanne et Gauguin ont créé un maniérisme moderne qui s'impose
aujourd'hui à la foule ignare, comme aux lettrés dont
ils ont déformé la sensibilité.

Augustus John a dans son studio un livre que l'on a publié sur Van Gogh et dont la couverture reproduit une mère et son enfant, croquis très connu de Vincent ; comme je demandais à Mr. John, le grand dessinateur, pourquoi il admirait tant ce dessin, il me dit : « *No drawing, but feeling* ». « Ce n'est pas du dessin, mais du sentiment. » En effet. Mais alors, et depuis lors, tout a pu être appelé « feeling, » et l'abus de ce « sentiment », de la « sensibilité », nous ramène aux époques du préraphaélitisme. Gauguin est un préraphaélite franco-tahitien.

Denis est un préraphaélite italien, mais conscient et volontaire, tandis que maints autres préraphaélites des Indépendants s'appellent *cubistes* ou simplement *peintres modernes*. Pour nous entendre, il suffirait peut-être que nous brûlions tous les dictionnaires.

Le livre de Charles Morice est passionnant surtout en ce qu'il nous renseigne sur la « mentalité », comme on dit, et la sensibilité de ce rêveur grandiloquent.

Si les artistes exposants des Salons d'Automne et d'Hiver sont marqués au fer rouge par Gauguin, leurs critiques assermentés sont les fils spirituels de ce poète symboliste, qui signa de très beaux vers ; âme généreuse, naïve et exaltée d' « humanitaire », de libertaire et de religieux. Charles Morice aura eu toute une descendance d'universitaires critiques d'art, de bolcheviks très doux, d'internationalistes et de nationalistes intoxiqués par la peinture, dont ils écrivent, comme d'une maîtresse qu'ils n'auraient jamais vue en plein jour. De Morice nous est venue la langue spéciale au critique d'art « d'avant-garde ».

Nous avons pensé bien souvent à Gauguin durant les représentations des ballets russes. Là, comme aux Salons d'Automne et d'Hiver, il semble avoir inspiré la substitution d'un art à un autre, et la démobilisation des moyens techniques. Un peintre de nature morte, comme M. Matisse, ne pourra, croyons-nous, jamais gagner autant qu'il y perdra, en se livrant à cet exercice cérébral.

Depuis que j'ai lu le livre de Charles Morice, qui me rappelle tant de gens et tant de choses, je vois Gauguin partout...

CLAUDE MONET[1]

Il était un point géographique.
FRANCIS VIÉLÉ-GRIFFIN.

Une étrangère qui a parcouru nos départements en tous sens et connaît mieux qu'aucun Français notre pays, nous disait :

« A Pâques, j'ai pour la première fois été de Paris au Havre par la route ; si l'on me demandait où sont les sites les plus charmants, je répondrais : sur la rive droite de la Seine, de Mantes à Vernon. Je ne suis pas grand clerc en peinture, mais il me semble que le paysage moderne dans toute sa grâce est là. Au printemps, j'y ai vu les colorations des impressionnistes que j'adore... Cette région me fait penser à Claude Monet, dont je possède des toiles — alors que votre fameux Renoir, votre Manet, cet

1. *La Revue de Paris*, février 1927.

horrible Cézanne, et leurs écoles me sont totalement incompréhensibles. »

Ces propos expriment l'opinion secrète d'une multitude de gens un peu frottés d'art. A l'encontre de ceux-là, mon étrangère était sincère, sans snobisme. Elle ajouta : « En Amérique, on distingue plus nettement qu'ici quels sont les grands hommes européens. » Et comme je la priais de me révéler les noms des nôtres, elle n'eut aucune hésitation : « Allez n'importe où, chez nous, quelqu'un saura qui furent Pasteur, Rostand, Sarah Bernhardt, Bizet, Rodin. — Et nos peintres? — Claude Monet! fit-elle, l'inventeur de l'*impressionnisme!* »

Monet a peint ailleurs que dans le Vernonais ses toiles de jeunesse, ses meilleures. L'impressionnisme est né dans la banlieue de la capitale. Mais les œuvres que collectionne mon Américaine sont de la veine moins bonne, et celles-là mêmes qui illustrèrent le nom de Monet dans les deux hémisphères.

Les répercussions que devait avoir l'impressionnisme sur la vision des hommes étaient inconcevables à son apparition, en 1875. La nature parut avoir changé d'aspect, lorsque exposa chez Nadar, il y a un demi-siècle de cela, la phalange des peintres impressionnistes. Parmi ses compagnons de lutte, dont trois au moins furent de bien plus grands

...es que lui, Claude Monet néanmoins a droit au titre de précurseur, de novateur; il initia ses coéquipiers à la division des tons qu'avait pressentie et essayée Delacroix. Tous les peintres de la fin du xix⁰ siècle et du début du nôtre lui sont plus ou moins redevables; et ce tribut légitime de gratitude et de respect au maître de Giverny nous gêne un peu pour porter sur l'ensemble de son œuvre un jugement impartial, au lendemain de sa mort. Toute restriction, quand nous quitte une personnalité d'une telle envergure, si éminemment française, est une épine qu'on s'enfonce dans le cœur, et dont on égratigne l'épiderme susceptible d'amis constants du maître. Maurice Denis, Vuillard, Bonnard, restent inébranlables — et leur opinion m'est précieuse. Si j'entends de plus jeunes qu'eux mésestimer l'œuvre du grand homme, je m'empresse de la porter aux nues. D'ailleurs, la passer au crible, n'est-ce pas reconnaître son importance? On ne comparera, ici, Claude Monet qu'à ses contemporains, ou à ses devanciers les plus indiscutés.

Paraphrasant la légende de Forain sur la *Marianne* au bonnet phrygien : « Qu'elle était belle sous l'Empire », nous dirions aujourd'hui : « Que l'impressionnisme était beau dans l'enfance de la République! » Nous manquions le roulement du tambour, au lycée Condorcet, en nous attardant sur

le boulevard Haussmann à nous enivrer des couleurs
de Monet aux vitrines de Cadart. Le *Portrait de
M*me* Monet*, en robe à raies vertes et noires, le gant
abricot, la casaque de fourrure, toile déjà vieille de
dix ans quand nous la vîmes, nous enleva comme les
toiles de Manet, que le chanteur Faure — voisin de
Cadart — était fier de nous montrer. A nous enfants,
les exposants chez Nadar paraissaient tous des génies.
Peu à peu, nous en rabattîmes. Dans tous les groupements de combat, « il faut faire nombre »! On a
des indulgences à l'égard des camarades de bonne
volonté.

Les ouvrages que nous aimons encore sans réserve
ne sont point, oserai-je l'avouer, ceux qui firent
comparer Monet à Turner, voire à Claude Gellée,
j'entends ses *séries des Cathédrales*, des *Peupliers*,
des *Meules*, des *Nymphéas*, enfin les symphonies
polychromes où il visa à la grandeur et qu'il peignit
dans son petit royaume des fleurs à Giverny, entouré
d'écoles en plein air grouillantes d'élèves, de suiveurs, de zélatrices cosmopolites. Jusqu'en 1889,
le « pionnier » avait eu la vie dure. Ensuite, attristé
par des chagrins intimes, modeste jusqu'à la fin,
plein de scrupules, à peine put-il jouir de son extraordinaire succès. Paul Valéry, lui faisant visite l'an
dernier, le surprit qui livrait aux flammes les études
qu'il ne voulait point laisser derrière lui. Agé de

quatre-vingt-cinq ans, après avoir subi l'opération de
la cataracte, il y voyait assez encore pour se livrer
à une terrible hécatombe ; et il ne souhaitait plus
d'amélioration à l'état de sa vue, que pour regarder
de près, une fois encore, quelques chefs-d'œuvre du
Louvre : des Rubens, un Léonard, l'*Embarquement
pour Cythère* de Watteau.

*
* *

Je ne me vante pas de pouvoir dresser un portrait
exact de l'illustre défunt. En remuant mes souvenirs,
je ne laisse guère d'être embarrassé. L'ayant à peine
fréquenté, je ne puis me figurer son caractère que
d'après ce que nous en ont rendu ses familiers —
lesquels s'accordent tous à témoigner de son ama-
bilité, de son accueil « bonhomme », de sa fidélité.
Ses façons étaient simples, non sans une certaine
malice, qui rappelait l'esprit parisien d'antan.
« Densité idéale du regard, densité des mots », écrit
un de ses biographes (Florent Fels) qui cite de lui des
mots bien touchants : *Je peins comme l'oiseau
chante... Je voudrais être toujours devant la mer,
ou dessus — et quand je mourrai, qu'on m'ensevelisse
dans une bouée... On ne fait pas de tableaux avec
des doctrines... On n'est point un artiste si l'on ne
porte son tableau dans sa tête avant de l'exécuter*

et si l'on n'est tout à fait sûr de son métier, de sa composition... Les techniques varient, l'Art reste identique; il est la transposition, à la fois volontaire et due à la sensibilité, des aspects de la nature. La mélancolie où le précipita la menace de la cécité l'avait, dit-on, replié sur lui-même. Il ne savait plus avec qui causer de son art. John Sargent, passionné pour Monet, ne venait plus en France, Vuillard et Pierre Bonnard restaient les deux fidèles, les disciples bien-aimés. Bonnard, son voisin à Vernon, le dernier des impressionnistes intégraux, n'est pas un continuateur de Monet, mais, selon nous, il l'égale parfois dans ses joutes avec l'atmosphère vibrante de lumière.

Les tendances de la peinture d'après guerre échappaient à celui qui avait été un initiateur, lors de « l'exposition héroïque » de 1874 chez Nadar. La bourse, l'agiotage de la peinture, le scandalisaient. *« C'est une honte, les prix qu'atteignent les toiles modernes. Il n'est barbouilleur qui n'ait un journal, une revue à sa dévotion. Chacun discute et prétend comprendre, comme s'il le fallait, alors qu'il suffit d'aimer. »* Ceci, propos de sage, mais de vieillard. *« Quand les marchands choisissent parmi mes toiles, ils négligent régulièrement les meilleures. »*

Monet ne se trompait-il pas aussi? Je serais porté à croire qu'il avait peu d'esprit critique. J'étais encore étudiant quand il vint au Bas-Fort Blanc, chez mes parents. Quoique je fusse un des premiers admirateurs qui achetèrent de sa peinture, et que j'en aie fait acquérir par nos voisins de la région dieppoise, où il peignait tous les étés, sa présence m'infligeait je ne sais quelle gêne, alors que tout me poussait vers Renoir, hôte des Paul Bérard au château de Wargemont. Pourtant le prestige de Renoir, coloriste de génie, était moins convaincant, pour mes camarades et pour moi, que celui de Claude Monet. Celui-ci, selon nous, incarnait l'*Impressionnisme*, lequel révolutionnait nos esprits. Ce néologisme nous exaltait : trouvaille, disait-on, de Monet lui-même. Que désignait-il ? Un ravissant « nettoyage » de la boîte à couleurs ; une gamme de tons légers, délicieux, le mauve, le bleu ; des esquisses autorisant maintes licences pour les débutants qu'épouvantaient encore les exigences de la saine technique, solide et surveillée. Quand un père disait à son fils : « Voici une toile peu finie, qu'as-tu voulu rendre ? » le garçon balbutiait : « Ah ! c'est une *impression*... je vois ainsi ». Au lieu d'observer avant de « rendre », au lieu d'être « ému » on fut « impressionné ». « Impressionner » date de là. Chaque citoyen de France éprouva des « sensations », des *impressions* qui enrichirent d'un terme nouveau et piquant le jargon artiste de l'ère précédente.

Notre génération prit conscience que l'appareil visuel des hommes civilisés venait d'être doté par un bon génie d'une supersensibilité. Nous étions à l'avant-veille du *divisionnisme*, du *pointillisme*. Fini du *beau métier!* Monet y avait excellé auparavant; mais Sisley pareillement, et Pissarro, et beaucoup d'autres. Je découvre aujourd'hui avec stupeur que, sans le savoir, en complète innocence, nous avons été nombreux, les apprentis capables de peindre une bonne nature morte, même une figure, dont la *matière* a résisté à l'épreuve du temps. L'insidieuse, la captivante pyrotechnie de l'impressionnisme (oh! les *Gare Saint-Lazare*, la *Façade du Grand Hôtel*, au soleil couchant d'avril, et les marronniers en fleurs, les trottoirs grouillants de monde, ces impressions de Monet, dans leur fraîcheur initiale!) allait détruire chez la plupart de nous, ce *sine qua non*, ce minimun de conscience et de peine prise qu'implique notre métier. Nous ne nous appesantissions point sur les théories, celles-ci n'ayant pas alors l'importance qu'elles acquirent plus tard. Tout de même, Degas, Cézanne, Renoir, Fantin, Gustave Moreau, Whistler — d'après ce que j'en entendais dire ou savais — me requéraient davantage, en tant que personnes raisonnantes, subtiles, tourmentées. Monet me paraissait un peu primaire, point très habile à la conversation, lourd, un brave matelot, silencieux, comme Guy de Maupassant. J'imagine que l'on devait, autour de moi, le trouver insuffisamment « intellectuel ». Que ce sentiment me semble absurde, en 1926 ! Nous ne ferions plus grief à Monet de ne nous avoir point conquis à l'instar de tels peintres, parfois médiocres, dont il nous semblait que la parole nous enrichissait, et qui souvent ne faisaient que nous troubler.

Bref, l'ayant jadis peu recherché, et plus du tout quand il entreprit ses « Séries » soi-disant synthétiques, œuvres « majeures », j'ai le regret d'avoir mal connu le maître de Giverny. Il me souvient de Renoir, au vernissage de l'exposition des *Vues de Londres* chez Durand-Ruel, qui fit tant de bruit, se frottant le nez, se détournant des littérateurs, incapable des manifestations d'enthousiasme que son amitié pour Monet lui eût dictées en une autre occasion. Les « séries » des *Peupliers*, des *Meules*, commentées par les poètes d'alors sur le ton lyrique, ce sont elles qui gagnèrent l'adhésion des collectionneurs bourgeois. Tandis qu'on délaissait les magnifiques morceaux des périodes antérieures du peintre (la *Décharge de charbon*, le *Saint-Germain-l'Auxerrois*, les *Luxembourg*, les *Péniches de Hollande*, et tutti quanti) ses récentes compositions allaient s'accrocher dans les salons d'avocats et de chirurgiens, à côté de *nus* au pastel de Besnard, de *Maternités* de Carrière, d'aquarelles de Gustave Moreau, voire de Latouche et de Henri Martin. Avec Rodin, il exposerait à la Galerie Georges Petit... Il n'était pas encore question, chez les amateurs mondains spéculateurs, des grands maîtres, Courbet, Cézanne, Edouard Manet ; à peine de Renoir. Les attraits les moins défendables qu'exerçaient les Monet de la Tamise et de la pièce d'eau de Giverny eurent une influence sans égale sur la peinture cosmopolite, déterminèrent peu à peu un prurit de sous-impressionnisme facile, décoratif, bon marché — parallèlement aux recherches du néo-impressionnisme des Indépendants.

En mai dernier, à l'un de mes retours d'Offranville, j'avais fait un crochet par Vernon, curieux de voir les plates-bandes de tulipes, les buissons d'iris et d'azalées, l'explosion de la sève dans le fameux paradou de Claude Monet. Il était près de midi, le peintre se promenait au soleil sur sa terrasse, s'arrêtant soudain pour donner des ordres à une équipe de jardiniers. Il avait encore l'apparence robuste, quoiqu'on me l'eût représenté très malade et mi-aveugle. Je l'examinai avec respect à travers les barreaux d'une grille vert véronèse, et je repartis rassuré. Or par la même route, sept mois après, je rentrais de la campagne, le jour même de son inhumation sans cloches, ni prières, ni encens ; lugubre fin du solitaire incroyant. Métamorphose ! La Seine,

sous le givre, embrumée, ressemblait aux meilleures toiles de l'époque des *Vétheuil* et des *Gla-
çons*. En deuil de son amant, la Nature n'avait
plus ces parures artificielles qu'elle emprunte pour
l'été, sur ce coin du Vexin. Tout y est gracieux,
mais petit; le jardin lui-même des nymphéas,
séparé par un chemin public de celui où s'entassent
les plus rares variétés de fleurs, les arbres pleu-
reurs, le pont, le lac : cet enclos qui se perd dans
les prairies et que j'imaginais vaste comme les Buttes-
Chaumont, a des gentillesses nippones. C'est bien
le contraire de motifs « dignes d'être interprétés
par un *classique* »!

Après le décès de Claude Monet, des critiques se
laissèrent entraîner à comparer notre impressionniste
au Lorrain (on venait de publier l'essai de Barrès).
Nous parlerons plus loin de sa compréhension de la
lumière, de sa composition, de son dessin. Tenons-
nous d'abord aux motifs qu'il se choisit, sitôt qu'il
cessa de peindre des *études*, et se mit à vouloir cons-
truire des *tableaux*. A mesure qu'il visa plus haut, on
pourrait déplorer que ses ouvrages se soient amincis,
dilués, — jusqu'à l'aboutissement de ses recherches :
les panneaux exécutés dans les dernières années à
Giverny, et dont l'Etat est l'héritier. Mais quel qu'en
puisse être l'effet, défendons-nous, car ce serait
faire tort à la modestie de Monet, de comparer

comme on l'a fait, ces tourbillons de pétales élé-
phantiasiques, ces avalanches de corolles, cette orgie
d'échantillonnages soyeux, — ivresse du collectionneur de fleurs qui ne sort plus de son oasis — avec
l'*Héliodore* de Delacroix ou la *Sainte-Geneviève*
de Puvis ! Monet semble avoir gaspillé ses richesses, au hasard de son caprice, selon les saisons
et le décor de ses parterres, comme s'il s'agissait de
modèles pour un papier de tenture, qu'on coupera
et collera ici ou ailleurs, à volonté [1].

La seule fois que j'ai été reçu à Giverny, environ
1893, la demeure primitive m'avait paru délicieuse
de gaîté. On était alors en pleine mode de la sparte-
rie, de la cretonne, des éventails et kakémonos de
bazar ; le bambou faisait fureur, et l'andrinople.
Monet avait tapissé les parois de sa salle à manger
de nappes blanches damassées, fond argenté à des
images d'album japonais. Un couvert joliment mis,
comme chez Whistler, annonçait une chère délicate
dont le maître de maison, gourmet réputé, réservait
à ses convives les surprises succulentes. On se sentait chez un homme paisible, sensuel, heureux
d'avoir un toit à lui et confortable, avant que la fortune, les applaudissements unanimes, le respect
lui eussent assuré une position unique. Je me suis

1. Sur les *Nymphéas*, voir l'étude, p. 50.

pas entré dans la maison telle qu'il l'organisa plus tard, avec plusieurs ateliers, de multiples dépendances. A peine est-elle reconnaissable du dehors. Plus il se claquemurait, plus Monet sentait sa retraite envahie par les visiteurs, par les élèves et les fervents de son art ; on le cernait. Les environs immédiats du bourg de Giverny, les autres villages qui s'échelonnent le long de cette rive droite du fleuve semblent arrangés pour la carte postale et prêts pour le pinceau des demoiselles. sensibles, en mal d'art avancé sans outrance. Un certain goût anglo-saxon que l'on reconnaît dans l'arrangement des jardinets, est dû aux disciples de Monet, qui peuplent cette région, au climat tempéré. Ce n'est pas la Normandie encore, ce n'est plus la banlieue de Paris. Les auberges sont des « hostelleries » artistiques, un « studio » flanque la plupart des cottages aux volets peinturlurés. Vergers trop soignés, pâturages sans bétail, façades de villas fleuries comme dans un tableau de Le Sidaner font un ensemble riant, un peu factice, édulcoré, peu campagne : souvenirs de Deauville, de la Grenouillère, d'Argenteuil ou de Joinville-le-Pont.

L'afflux des touristes importuna tant Monet, seigneur de ces lieux, qu'il se fit ermite. Une impavide Australienne me demandant des lettres d'introduction auprès de son héros, je signalai au maître le mâle talent de cette adepte exotique de l'impressionnisme, laquelle avait quitté Sidney, sa famille, aux fins de consulter l'oracle de Giverny. Elle y vécut durement, chez un bistro, puis acheta une bicoque tout contre les murs de Monet, guettant, se faufilant dans le jardin des nymphéas, soudoyant des ouvriers. Mais, lasse d'une obstination inébranlable, elle repartit avec armes et bagages, sans avoir parlé au peintre. De jeunes Yankees en pantalons de flanelle, appâtés comme la dame australienne par le mirage impressionniste, s'ils n'eurent pas plus de chances d'être reçus dans le sanctuaire, jouaient du moins au tennis, canotaient sur les bras de la rivière où trempent les racines des saules et des précieux arbustes du maître. Cette petite patrie de l'impressionnisme, civilisée, bien peignée, s'immobilisera dans une routine mi-picturale, mi-hôtelière, à la façon du Marlotte de Rosa Bonheur, du grand J.-F. Millet, et de l'école de Fontainebleau.

Monet avait rénové l'interprétation de la mer en poète. Les côtes normande et bretonne (Belle-Isle, le Havre, Pourville, Varengeville) lui suggérèrent quelques-unes de ses plus chatoyantes toiles. Après la guerre, je l'aperçus à Dieppe, vieilli, mais bien beau, descendant d'une voiture puissante, enveloppé d'une somptueuse fourrure. C'était en novembre, un jour de tempête. J'appris qu'il avait désiré contempler une fois encore cette rade qu'il avait si souvent peinte calme, ensoleillée, balnéaire. Il s'assit sur la digue, par un aigre vent d'ouest qui échevelait sa longue barbe blanche, y mêlait l'écume des vagues. Des nuages sinistres, à l'occident, s'étendaient comme un suaire sur la falaise de Varengeville, l'église et son cimetière marin ; le phare d'Ailly commençait à les zébrer de ses éclairs. Monet remonta dans sa torpedo, l'équipage démarra dans un plaintif mugissement du klaxon. Le crépuscule, la nuit, les nefs sombres des cathédrales l'avaient de tout temps épouvanté, me racontait Edmond Maître, son ami de jeunesse.

Un soir, Maître rencontre Monet, qui est de garde sur une place de sa garnison. L'artiste le supplie de ne point l'abandonner, de causer avec lui : « Quand il fait noir — aurait-il dit — il me semble que je meure, *je ne pense plus.* »

Ces paroles me revinrent à la mémoire sur la plage de Dieppe — car, ingrate, la lumière commençait de fuir la pupille de *son* peintre. J'aurais voulu me faire reconnaître, embrasser Monet, partageant de tout mon cœur ses transes. Oh ! ses yeux ! ses petits yeux, d'aventurine pailletée, qui semblaient doués d'une vie autonome, être le foyer de ses cinq sens ! Ils avaient tour à tour une mobilité, ou une fixité douce, caressante, s'ils se posaient sur un gazon, sur des fleurs, sur des objets tentants à peindre.

Mais Edmond Maître m'avait encore dit : « Quand on s'adresse à lui, Claude se détourne, ne vous regarde jamais. Son attention est ailleurs. »

*
* *

La lumière et la peinture pourrait être le sujet d'une thèse de doctorat pour un esthéticien. Quels sont les rapports de la *couleur* et de la *lumière* ? Des Vénitiens, de Rubens, de Watteau, de Turner, les préférés de Monet, c'est l'Anglais qui semble avoir été son guide en ses expériences touchant l'intensité de la lumière, le « mélange optique », la division des couleurs, les dérivés et composés de chacun des tons employés presque à l'état naturel avant l'impressionnisme. Monet répudie le noir, les ocres, les terres, c'est-à-dire les plus durables des couleurs à l'huile, et instaure le fétichisme des reflets, des ombres bleutées, violacées. Empiriquement, il échantillonne, pose ses vermicules de tons complémentaires, qu'il imbrique l'un dans l'autre sans souci des futures réactions chimiques qui pourraient bientôt détruire les *valeurs*, l'équilibre des ombres, des demi-teintes et de la lumière dominante. Le rigorisme d'un Seurat, la mathématique d'un Signac, Monet, tout d'instinct, est inapte à les concevoir. D'ailleurs, pour ce qui est de la durée de l'effet primitif, parfois si bril-

lant chez les impressionnistes et les néo-impressionnistes, on inclinerait à se demander si l'*a priori* de
Monet fut moins efficace que la science technique de
ses successeurs. Maintes toiles de Seurat ont pâli, se
sont désaccordées, sont déjà d'un gris sale. La *Bai-
gnade* a perdu beaucoup de sa lumière et de sa
résonance. Une curieuse volonté dans la forme, un
rythme classique seuls l'animent sous sa couche de
crasse. La vraie lumière, Seurat l'a mieux obtenue
avec le papier blanc et des jeux de crayons Conté :
témoin la belle exposition récente à la galerie Bernheim [1].

Monet a cru faire *lumineux*. A sa suite, les
peintres ont beaucoup trop sacrifié à la *luminosité*.
Je ne sache rien, cependant, de moins intense que la
lumière dans 80 p. 100 des toiles « tricotées » à la
manière des premiers impressionnistes, ou pointil-
lées. Avec ses moyens tout bêtes, avec ses terres, son

1. Mais il y aurait un volume à écrire sur Seurat, Angrand et
l'école des pointillistes d'académie, primés vers 1883-4-5 chez
Jullian. Quand nous étions à l'académie Gervex-Humbert,
quelques « as » de Jullian nous étaient donnés en exemple, qui
construisaient leurs figures nues, les modelaient comme Seurat.
Une bande de forts en thème, parmi nos camarades, faisaient
du paysage linéaire, dépouillé, pointillé, comme Seurat et Angrand. A la base de l'esthétique de Seurat, nous discernons des
principes géométriques primaires que l'on enseignait alors, mais
qu'il sut « styliser ». La mode fut d'aller faire des croquis sur
les fortifications, aux usines de Suresnes, à l'île de la Grande-
Jatte. Selon nous, Seurat resta un peu « académique » en sa
schématisation.

blanc et son noir, Corot parvient à une autre intensité
lumineuse. Pure question de technique et de « matière » ou « pâte ». Pour quiconque a manié la brosse,
ce n'est pas un mystère, l'intensité de la lumière,
l'éclat et la permanence d'un ton dépendent moins
de ce ton, tel qu'on le presse du tube, que de la
façon de l'étaler sur la toile. Monet, avec l'impec-
cable technique d'Édouard Manet, commença par
réussir des morceaux puissants et lumineux. Mettez
côte à côte deux de ses *Effets de neige* : l'un,
d'avant 70, une éclatante lisière de forêt; l'autre,
une des toiles d'environ 83, irisée de ces roses et de
ces bleus qui firent révolution. De cette seconde
manière, je garde une toile devant moi, où les blancs
nuancés de la neige et du givre ont le « brouillé »
d'une feuille de buvard couverte d'empreintes illi-
sibles. C'est encore harmonieux, charmant, mais
sans analogie avec le bouquet de la mariée que furent
en leur première fraîcheur ces massifs d'arbustes
poudroyants de soleil. Cette étude typique de l'impressionniste; un *Pont d'Argenteuil* (quelques vir-
gules de couleurs sur un canevas blanc, vierge en
bien des coins); enfin un verger sur la colline de
Vétheuil, je les ai longtemps eus sous les yeux, à
côté d'un Whistler, d'un Boudin et de sombres
Walter Sickert, sans démêler en quoi mes Monet
avaient pu marquer un progrès dans le sens de la

lumière. Ce qui fut une nouveauté, c'est la *poétique*
de l'impressionniste, je veux dire l'ensemble des
moyens par lesquels il entendait exprimer son sentiment de la nature.

L'on confond trop *lumière* avec *colorations
claires*, une peinture *lumineuse* et une peinture
colorée. Importe-t-il tant que cela qu'un tableau
soit *clair ?* Nous en compterions beaucoup de
sombres dans les écoles modernes. Le registre grave
d'un Rouault, d'un Derain est aussi vibrant que le
« soprano » d'un Matisse ; car la boîte à couleurs
est un orgue aux infinies ressources, riche de tous
les timbres. Peindre, c'est orchestrer. Ce que nous
disons de la peinture serait aussi vrai de la musique.
D'un côté Beethoven, Wagner ; de l'autre, Haydn,
Mozart. Delacroix monte sa palette, chauffe ses
compositions jusqu'à la frénésie, mais quelques-uns
de ses ouvrages sont opaques, « enterrés », auprès
de ceux d'un Rubens, d'un Fragonard. Laissons de
côté le système des « glacis », de la lumière obtenue
par une préparation blanche et des couches de
diverses épaisseurs posées dessus, en transparence :
recette de Van Eyck, des primitifs, qu'il serait vain
de réapprendre, non par impossibilité matérielle,
mais parce que cette technique lente suppose un
manque de nervosité, une impassibilité, des loisirs
qui sont d'un autre âge. Mais à part la peinture en

glacis, il est d'autres moyens d'obtenir éclat, durée,
et l'émail. Sans entreprendre ici un cours — vain
si manque la démonstration — chacun peut se persuader que la qualité du véhicule liquide, la façon
de coucher un ton l'exalte ou l'amortit. Henri
Matisse, le plus délicat de nos coloristes, traite les
couleurs à l'huile comme les couleurs à l'eau, la
toile blanche comme le papier blanc ; s'il se reprend
et travaille sa pâte, c'est une aventure dont il
ignore probablement lui-même l'issue. Dunoyer de
Segonzac maçonne, à grand renfort de couteau, de
truelle, et n'amène la *lumière* qu'incidemment ; il
complique, alourdit la cuisine plus savante de
Courbet. Mais les tableaux de Courbet ont-ils paru
jadis lumineux ? Ils ne le sont plus. Cela ne les
empêche pas d'être de la belle peinture très colorée.
L'important, c'est la « qualité » du ton ; qu'il soit
chaud ou froid, c'est la beauté des « rapports ».
Parmi tant de procédés expérimentés de nos jours,
le plus dangereux est l'accouplement d'une infinité
de tons, jolis en eux-mêmes, mais qui risquent de
faire mauvais ménage après leur lune de miel.

Les admirateurs de Meissonier regardaient ses
« miniatures » à la loupe. Je recommanderais aussi
l'usage d'un verre grossissant pour mieux comprendre les délicatesses du pinceau de Monet. Le
détail est plus intéressant que l'ensemble, dans ses

dernières transpositions de la couleur et de la lumière. Au contraire, Cézanne vous frappera d'abord par l'ordonnance de sa conception, par ses volumes ; et si vous approchez ensuite la lentille magnifiante de ses blocs de rochers, de ses constructions massives, vous éprouverez d'autres délices en considérant la trame que constituent ces touches méditées, dont chacune est une victoire sur la matière. Quand Cézanne ne trouve pas le ton juste, mais *rare*, il attend, laisse un vide. Monet dérive un ton complémentaire des voisins, bouche le trou. Sa virtuosité, sa science étonnent l'ingénu Cézanne. Aussi bien, les paysages de Monet, quand Cézanne les admirait tout frais encore, surprenaient par leur plénitude, par l'abondance des expédients du coloriste. Mais les rétrospectives de Guillaumin et de Maufra au Salon d'Automne (1926) font craindre qu'il n'y ait, lors de l'exposition posthume de Claude Monet, quelque déchet. L'inimitable « artificier » de Giverny lui-même, a lancé des fusées dont il ne reste souvent que l'enveloppe et la baguette.

Récapitulons, pour les lecteurs qui n'ont pas lu ses biographies, les stades de sa carrière. Né à Paris, il passe sa jeunesse au Havre. Boudin l'engage à peindre, ayant remarqué ses caricatures chez un commerçant de la ville. Il devient l'élève de Gleyre, comme Renoir, Sisley, Bazille, — fait la

connaissance des œuvres d'Édouard Manet. En 1870,
voyage en Hollande avec Pissarro, puis en Angleterre. Rencontre de Daubigny. En 1874-75, manifeste de l'Impressionnisme. Argenteuil, Vétheuil.
Hiver de 1884, séjour à Bordighera ; côte normande
en été ; 1886, Belle-Isle. Enfin, il se fixe à Giverny.
L'abus de la virtuosité plaisante menait Claude
Monet à l'opposé du but qu'avait visé l'impressionnisme. Renoir et Degas crièrent casse-cou ; cette
peinture devenait « creuse », comme les *Moret* de
Sisley ; ou papillotante comme les affiches pour
compagnies de chemin de fer. Les *Cathédrales de
Rouen*, les *Meules*, les *Jardins de Givery* sont purs
morceaux de bravoure, comparés à l'admirable
Saint-Germain-l'Auxerrois. Dénuée du soutien
d'une substructure architecturale, l'imprécision de la
touche se cache sous une couleur qui frise la vulgarité. Une architecture gothique n'est pas un gâteau
en nougat. Elle a un style, un caractère défini. Les
fines arêtes, les pleins et les vides calculés par le
maître maçon, les statues, les dentelures, les bas-
reliefs gardent leur identité sous l'incidence chan-
geante de la lumière. Monet fait de cette architecture un drame atmosphérique... Les improvisations
par les pianistes, qui, sur un thème vénérable se
permettent des irrévérences, nous les applaudis-
sons si l'interprète reste dans le plan de la musique

en brodant ses arabesques. Or, les *Cathédrales* (sauf
une ou deux peut-être) sont des improvisations
manquées. Quand Cézanne déforme le paysage
aixois, la montagne de la Sainte-Victoire, nous reconnaissons ces motifs que l'artiste a ennoblis, « lyrisés ».

Dans la collection Depeaux (musé de Rouen) une
Cathédrale grise, décolorée, rappelle à la fois le
ciment de Roll et les plaques gélatineuses des pires
Lebourg. Les séries des *Peupliers*, des *Meules*, sont
d'une autre veine ; en elles vibre encore l'écho de
l'impressionnisme acidulé, si désaltérant, de la
bonne époque, quand cette peinture avait la fraîcheur de la musique de Debussy. En écoutant le
Prélude à l'Après-midi d'un Faune, les vers de
Mallarmé, nous songeons à Sisley, à la Berthe
Morisot du Mesnil et de Rueil, aux ombrelles, aux
jaconas d'une *Terrasse au Havre* (1866), à la *Sieste
dans les Champs* (1876), de Monet. Mais avec les
Peupliers, les *Meules*, la palette commence à se
charger de cadmiums orange, de roses chauds, de
vert malachite ; la facture a des jongleries que
Thaulow et Latouche retiendront. L'école impressionniste était d'aimable vision, de grâce, d'agré-
ment tout extérieur. Renoir, Cézanne, Degas y seront
rangés par les historiens, mais ils « n'en sont pas ».

Monet « établissait » plutôt qu'il ne dessinait, il
organisait ses compositions d'après des incidents de

la nature : un nuage qui se reflète dans l'eau, un remuement de feuilles, ce que saisit le kodak braqué par un amateur de goût. De ses tableaux de figures, dès que celles-ci ne sont plus de menues taches, il ne reste pas grand'chose à la reproduction en blanc et noir. Voyez le *Pique-nique sur l'herbe* de femmes en crinoline et d'autres personnages amusants. Ici, l'invention de Monet réside dans la couleur azurée d'une mousseline blanche à l'ombre, dans la simplification du décor, et, comme en ses paysages, les valeurs sont obtenues par des dosages adroits de couleurs à l'exclusion des biatres, des terres de Sienne, des ocres et du noir.

Entre tant de sujets auxquels Monet s'attaqua, l'atmosphère de Londres fut la passion de sa maturité. A l'époque de ses *Gare Saint-Lazare*, quel parti n'eût-il pas tiré des gris-jaunes, des violets cendreux que déposent sur les choses la fumée, les escarbilles de charbon, le brouillard. Trop tard, il retraversa la Manche. Logé au Savoy Hôtel, ses fenêtres surplombant le fleuve commandaient de majestueuses perspectives ; il rêva de « poèmes épiques » de la lumière, construits comme Zola aurait fait dans un gros roman. Exposées en série, dans une salle tendue d'étoffe neutre, un public choisi avait défilé devant ces toiles, comme un autre public devant le *Christ* de Munkacsy. Octave Mirbeau,

avec la frénésie de sa plume, prit « le mors aux
dents », comme disait Renoir. Toute la presse
« marcha », conquise par cette virtuosité. Le solitaire de Giverny reçut enfin des hommages que des
écrivains, des journalistes de gauche et de droite
n'avaient pas encore consentis à Cézanne, Renoir et
Degas. Les imitateurs afflueraient, de la droite et
de la gauche aussi. Le Salon du Champ-de-Mars (la
Nationale) s'ouvrirait à Monet. Sargent, Helleu pro-
fessaient qu'il était le plus grand peintre vivant.
Les romanciers, les poètes virent la nature en
impressionnistes.

*
* *

Qu'est-ce qu'un chef-d'œuvre ? Une « pièce de
maîtrise », disait l'artisan de jadis, qui ne croyait
pas comme nos contemporains à l'Inspiration. Selon
la « mystique » d'aujourd'hui, le chef-d'œuvre naît
de conditions quasi miraculeuses. « D'où tombe une
chose pareille ? De la lune », assure M. Jean Cocteau à propos de la *Bohémienne endormie*, toile du
douanier Henri Rousseau. Cocteau écrit que ce
tableau est *un acte de foi, une preuve d'amour*, ce
qui paraît la juste définition (un peu convention-
nelle) de toute belle œuvre — voire de l'*Angelus*
qui, loin d'être la meilleure toile de Millet, est sa
plus médiocre. Mais la *Bohémienne* a la cocasserie

d'une enseigne, sa bizarrerie marque un stade : le lyrisme chez le bandagiste, le surréalisme 1926. Un *Esprit nouveau* était mort, celui de l'impressionnisme ; vive un esprit plus nouveau !

« Le mouvement moderne — 1912-1926 — forme aujourd'hui une roue complète. C'est au tour d'une autre roue. Déjà on devine le centre merveilleux d'où elle rayonnera vers sa fin. Un centre d'amour, des maladresses nouvelles... Je parlais d'une roue. La vente Quinn comporte un phénomène, une pièce unique, le cœur de la roue, le centre des centres, l'endroit où la vitesse dort sur place, la rose des tempêtes, le sommeil des sommeils, le silence des silences : *la Bohémienne* de Henri Rousseau. »

Octave Mirbeau et autres hagiographes de naguère allaient tout de même « moins fort » en leurs gloses, à l'apparition des *Séries* de Monet.

Les ouvrages de l'art ont deux existences : l'une individuelle, reçue de leur géniteur ; une autre, dont notre imagination les doue, que des associations d'idées recréent. Comme leur naissance, leur durée dépend du hasard ; un impénétrable mystère enveloppe leur propagation. Le chef-d'œuvre serait-il l'ouvrage dont le sens général résiste aux caprices de la mode ? Le Parthénon, le tombeau d'Agamemnon à Mycènes émeuvent différemment le voyageur érudit et le cicerone qui l'y conduit. Mais la majesté de ces noms les impose à tous. Un passe-temps peut-être succédera aux mots croisés, qui consistera à faire l'inventaire des « faux chefs-d'œuvre ». Supposons des concours décennaux; quelques épreuves épuiseraient la liste des chefs-d'œuvres *véritables*. Il ne resterait rien debout, après un siècle de ces coupes sombres dans la « forêt des géants », rien, hormis les jeunes pousses de la saison, pas même des baliveaux, car ils risqueraient de devenir des arbres encombrants.

La critique d'art est la plus vaine des activités, parce qu'elle vit surtout d'associations d'idées, soumises à des influences extérieures d'époque autant que les règles versatiles de l'esthétique. Savante, technique, elle nous assomme! Pour plaire, il lui faut offrir un aliment à notre rêverie, si elle n'est point un succédané de l'*Information financière*. Le lecteur en apprend plus long sur l'âme des critiques, par leurs aveux involontaires, que sur les ouvrages jugés. Une étude critique ne saurait comporter d'autre valeur que subjective, ainsi que l'atteste cette « seconde vie » dont l'esthéticien et le public animent une œuvre. Cette vie-là tient du merveilleux, elle est surnaturelle. Claude Monet aura eu le privilège de nouer, en un nombre infini d'esprits distingués, ou très simples, des associations d'images; elles se multiplient, s'élargissent à la façon des cercles que propage à la surface de l'eau une pierre qui y tombe.

Un genre de critique nous semblerait plus efficace : les souvenirs sur un artiste, les chroniques d'un témoin. En dernière analyse, ne serait-ce pas le seul droit que l'écrivain d'art dût se permettre d'exercer, sous cette réserve qu'il n'inclinât pas le personnage selon ses propres tendances? Monet semble avoir été de ces individualistes illustres dont il n'y a pas beaucoup à raconter. Heureux sort ! On ne publiera pas ses Mémoires; de lui, on ne répétera pas de fausses anecdotes. Il est mort sous son toit, dans les bras de M. Clemenceau, son ami d'un demi-siècle ; dans la vallée de la Seine; entre Paris et la mer, non loin de la cathédrale que l'on appelle la « cathédrale de Monet ». Espérons qu'il a joui du déploiement de rhétorique dont il fut l'occasion. Ses tableaux s'éteindront-ils peu à peu, comme s'est éteinte sa vue? Quoi qu'il en soit, son nom sera prononcé aussi longtemps que le mot *impressionnisme,* et au même titre que le nom du chimiste Chevreul. Une renommée se propage plus durablement par une découverte, que par des ouvrages où l'homme à qui l'on en est redevable l'a appliquée. D'autre part, il advient aussi, parfois, qu'un seul chef-d'œuvre — *la Joconde!* — contribue plus à la gloire d'un artiste, que ne fait une suite d'ouvrages de haute qualité. Monet en a signé des centaines, parmi lesquels un esthéticien ne pourrait signaler « le centre de la roue ». Il faudra le prendre en bloc ; de même la Révolution — enseignaient nos professeurs d'histoire aux fils de familles supposées réactionnaires.

A l'inverse de Corot, si nettement double (celui de la période dite *romaine*, et celui des bouleaux flous, des églogues à Meudon), si Monet ne s'était renouvelé sans cesse, quel blâme n'aurait-il pas encouru des critiques des futures « avant-gardes » ! Un esthéticien fort écouté en Angleterre, dédiant aux *deux Corot* un ingénieux article dans *The Nation*, attribue à la « stupidity » du divin paysagiste les toiles « au-dessous du médiocre » qu'il bâcla sur le tard. Le barbon aurait tant causé avec Daubigny que ce peintre, à qui M. Clive Bell refuse tout talent, aurait inspiré son chétif écouteur. Or, la veine virgilienne du « stupide » Corot est loin d'être détestable, quoiqu'elle nous laisse froids comme M. Bell lui-même. Ne serait-elle point due au succès commercial qui conseilla à un vieux maître charitable, toujours prêt à donner pour soulager une misère, de produire en série, comme Monet, comme la plupart des peintres actuels? Ce problème inéluctable ressortit à l'économie sociale... Les associations d'idées, et d'autre part les doctrines de cénacle qui hantent l'esprit des esthéticiens, faussent à la fois leur propre jugement et celui des artistes, quant à leurs tendances, créent des confusions sans ·fin. A l'œuvre sans arcanes de l'impressionniste de Giverny, il y a quelque espoir que soient épargnées les mésinterprétations subtiles. Il est classé, une fois pour toutes. Un point géographique.

LES NYMPHÉAS [1]

Pour compléter un article sur Claude Monet, écrit au lendemain de sa mort, parlons de la plus importante de, ses œuvres. La plus importante selon son cœur ; peut-être celle où son genre de maîtrise s'est le mieux affirmé.

Nous avons dit notre froideur à l'égard de certains paysages de Monet, des *Cathédrales*, des *Meules*, du *Jardin de Giverny* ; mais nos restrictions ont pu égarer les lecteurs sur le fond de notre opinion, dégagée de nos préférences personnelles, quant à l'œuvre global d'un homme si important dans l'histoire de la peinture. Une visite aux deux salles construites exprès pour y présenter dignement les vastes décors exécutés par l'illustre vieillard, nous aiderait à comprendre à la, fois les raisons de ses

1. *L'Art Vivant*, septembre 1927.

succès croissants et l'erreur qu'il commit quand il renonça aux toiles de chevalet, non faites en série, ou, comme l'on dirait en musique, par cycles. Il n'était pas un assez grand « lyrique » pour se mesurer avec des sujets qui relèvent du poème, qu'un souffle puissant doit soutenir d'un bout à l'autre. Et pourtant, le miracle est là : parvenu à une maîtrise complète de son métier, il risqua un tour de force et d'agilité qui équivaut à un exploit.

Quiconque aima son art doit tenir les huit panneaux des *Nymphéas* pour un admirable chef-d'œuvre ; ils sont sans doute l'aboutissement des recherches du technicien, l'expression la plus éloquente de sa poétique. Quant à nous, à franchement parler, nous n'aimons point cela. Mais nous nous expliquerons, à l'occasion, sur cette faculté qui nous fut donnée de rendre justice à la valeur intrinsèque d'œuvres que nous ne goûtons pas. Et nous avons la plus grande pitié pour des esprits incapables de cette objectivité dans la critique.

Nous pensions entrer à l'Orangerie pour quelques instants ; nous n'en sortîmes qu'après une station d'une heure, et encore parce que les gardiens chassaient les rares personnes qui s'attardaient. Point de sièges. Il faut se tenir debout sur un parquet de marbre ou de simili. Les parois de la salle en forme d'ellipse sont trop blanches ; le velum trop mince

dispense une lumière pénible; il y a du Lalique
dans la richesse jolie, « distinguée » de la présentation
architecturale, une solennité de hall de palace vide,
« cette solennité qui monte de l'escalier », comme
écrivait Zola d'un immeuble haussmannien. Est-ce
cela que rêva Monet? Pourquoi pas? Ses panneaux,
si vous ne les étudiez pas scrupuleusement, pourraient passer pour un décor de théâtre, trop joli,
trop pimpant. Là est le piège! *Trop* de goût rejoint
le mauvais goût. Le départ est malaisé à faire entre
l'un et l'autre quand une rétine de peintre aussi
subtile et délicate que celle de Monet a enregistré,
quand un pinceau aussi exercé que le sien nous rend
de tels féeriques effets de la nature. Chaque jour, à
toute heure, le propriétaire contemple avec ravisse-
ment, du haut d'un pont à la japonaise, les reflets
du ciel dans son lac, miroir parsemé de fleurs-naïades
à la chevelure végétale, petites têtes roses, blanches,
qui deviennent bleues, violettes, orangées, selon la
coloration des nuages. Ceux-ci se font pelotes de
soie, neige, montagnes, pétales. Rien n'est défini,
tout est mobile, changeant à la minute de forme, de
volume : un instantané ne donnerait pas grand'chose,
mais seul un instantané fixerait un état de ce mirage
qui se compose et se décompose sans cesse, entre
les lianes de saules aussi opalins que les nénuphars
au crépuscule. Monet a divisé l'intérêt de ses compo-

sitions par des troncs d'arbres qui partent on ne sait
d'où ; sans quoi, ces « tableaux » seraient du papier
peint. Cet appui, il l'a senti nécessaire. A ce propos,
un souvenir. Quand Debussy, après *Pelléas*, de
toutes parts sollicité d'écrire un autre drame lyrique,
se préoccupa d'un libretto, l'on sait qu'il songeait à
un texte qui ne comportât pas de personnages humains, mais la mer, la tempête, la voix des éléments !
Il m'en souvient, Debussy était hanté par cette
idée, quand il posait pour moi. Au lieu d'un opéra,
nous eûmes des symphonies, aujourd'hui jouées
dans tous les concerts. Assez vite il s'était rendu
compte que le problème esthétique où il avait perdu
tant de temps était plutôt d'ordre littéraire, non
pas anti-musical, mais contraire aux exigences du
théâtre. Igor Stravinsky, plus tard (pour des motifs
bien plus compliqués, ne comparons pas les cerveaux
de ces génies !), courait les mêmes risques par entê-
tement de doctrinaire, d'artiste cérébral.

Monet, esprit simple, semble avoir construit son
ultime monument sans s'aviser que ses fondations
seraient plus que précaires, telles qu'il les concevait.
Autant vouloir suspendre un bloc de pierre au zénith...
Une dame, près de moi, confiait à une autre ses
émois esthétiques : « C'est du Carrière en couleur »,
disait-elle. Et cette définition n'est pas absurde.
Carrière s'est de même trompé en s'adonnant à la

décoration. Le flou paraît plus flou, s'il est encastré dans la pierre. Il est une autre poésie de la plastique murale, qui est dure, solide, linéaire, celle des grands fresquistes italiens des xv° et xvi° siècles, que renouvela Puvis de Chavannes. L'école des cubistes compte des décorateurs : Picasso est un idéaliste, un poète en ses arrangements d'apparence géométrique ; la recherche de l'arabesque, le motif qui remplit sa toile attestent la réaction de l'esprit moderne enfin libéré d'un long asservissement à l'impressionnisme.

Le sophisme que commet l'auteur des *Nymphéas* quand il héroïse ses humbles sujets, sa confusion quand il dépasse les dimensions où il devrait limiter son art, justifieraient presque la sévérité de la jeunesse à son endroit. Et cependant, cette rêverie condensée, un maître ouvrier la réalisa ! Voici un ouvrage étonnant, stupéfiant ; toute personne consciente des difficultés qu'implique l'art de peindre ne saurait en sous-estimer les mérites. Ces taches, ces éclaboussures, ces égratignures infligées à la toile, sur une surface de je ne sais combien de mètres carrés, et qui de loin se lient les unes aux autres, sans trous, avec une unité parfaite, se heurtent, vues de près. L'exécution tient du prodige, elle est inanalysable, largement synthétique, quoique Monet se soit sans cesse livré, devant le spectacle de ce lac fleuri, à

une division minutieuse des couleurs à suggérer,
ainsi que de celles dont s'échantillonnera sa palette,
une palette scientifique, mathématique. On a peine
à se figurer l'acte de peindre l'une après l'autre les
parties de ce prodigieux ensemble, sans reprises,
sans raccords, sans signe d'hésitation.

Un décorateur de théâtre réussirait par des
trucs à produire l'équivalent, il « ferait la blague »
de ces immenses tableaux, et ses effets ne charme-
raient guère moins les amateurs qui se délectent de
ces paysages irréels, pourtant vraisemblables : des
trompe-l'œil de panorama. Mais avec Monet, cela
reste de la bonne peinture, tout en côtoyant la pire ;
la couleur reste distinguée, mais pour un rien elle
deviendrait canaille.

Un pas de plus et Monet allait tomber dans la
vulgarité.

Si le peintre impressionniste se laisse entraîner
par son « lyrisme », c'est le plus souvent au joli, à la
préciosité qu'il atteint. Ses *Nymphéas*, quoique étant
de la peinture, et du meilleur impressionnisme, font
penser néanmoins à la photographie en couleurs, à
la chromolithographie; en raison même de la sincérité de Monet, de sa vision pure, claire, exacte,
honnête, de son implacable *autorité*. L'interprétation impressionniste du monde extérieur a engendré
un vérisme, qui dérive du réalisme et rejoint la

peinture de Salon, non sans rapports avec la photographie « artistique ». Les apologistes de Monet ne se
rendent pas toujours compte que le métier, seul,
assure leur prestige aux panneaux des *Nymphéas;* de
la grande virtuosité, oui... à la façon du Massenet
d'*Esclarmonde,* genre d'ailleurs éminemment français.

Je pense aux articles, signés par les littérateurs qui se croient *avancés*, nommément M. Léon
Werth, auquel j'ai quelque droit de riposter en
public, puisqu'il me tance pour avoir fait des restrictions sur le maître qui nous occupe aujourd'hui.
Si j'ai peu lu les livres du fameux européen Werth,
je sais qu'il est prisé dans un certain monde littéraire.
Il se présente à moi comme un Clément Vautel de
gauche, quand il se prend à philosopher sur la peinture. Puisqu'il m'accuse d'avoir commis une erreur
matérielle en parlant des images japonaises « de
bazar » qui ornaient jadis la maison de Claude Monet
à Giverny, qu'il m'autorise à lui répliquer ceci : les
premières estampes nippones, on les achetait dans
les bazars, avec du thé, des porcelaines blanc et bleu,
des objets de laque. Hokousaï, dessinateur, fut popu-
larisé par des albums de paysages, — ses vues du
Fuji-Yama, entre autres — que l'on achetait partout.
Les œuvres des Outamaro, des Kionaga, des Iroshige
et des primitifs de l'estampe étaient pièces de collec-

tion, peu connues des profanes. Mais les peintres, mal renseignés sur les arts d'Extrême-Orient, rapportaient chez eux, de leurs fouilles dans les magasins, avec des Hokousaï, des gravures en couleurs moins anciennes encore, par des Japonais obscurs. Zola en avait dans son cabinet — témoin son portrait par Edouard Manet.

Le pont, le lac, à Giverny, et la plantation du décor n'auraient pas été organisés si Claude Monet n'en avait tiré l'exemple des Japonais. Et que dirions-nous de la perspective ? La ligne d'horizon est dans le ciel, les sites semblent avoir été regardés à vol d'oiseau. Cette perspective cavalière, une originalité il y a quarante ans, Monet, à la fin de sa vie, l'adopta pour ses vastes panneaux décoratifs. Point de premier plan : le tableau, mis sens dessus dessous, ne paraîtrait pas sensiblement différent, il aurait la même qualité décorative ; tandis qu'une organisation rigoureusement cubiste de Picasso, d'environ 1912, n'est lisible que présentée comme le peintre l'a imaginée. L' « autorité » de Monet ne nous semble que plus évidente, lorsque, par les seules vertus de sa palette, il fait oublier la faiblesse de sa plastique, l'illogisme de son esthétique. Qui songe à nier le talent de Monet ?

UN GRAND AMÉRICAIN[1]

JOHN SINGER SARGENT

Il est dans Londres un district qui restera le
quartier des artistes pour les hommes de ma génération. Ce fut celui de Carlyle, de Rossetti — mais
je n'ai pas connu ces « éminents victoriens »,
comme les appellerait M. Lytton Straitchey, l'auteur de ce beau livre : *Queen Victoria*. Quand je
commençai à peindre, Whistler excitait nos jeunes
imaginations. Chaque fois que j'allais en Angleterre,
et c'était souvent, j'étais attiré vers ce Chelsea, par
cette Tite Street où résidait Whistler, rue paisible
bordée de petits hôtels avec atelier; Oscar Wilde
habita l'un d'eux. C'était encore un peu la banlieue;
l'air de la Tamise toute proche, la lumière plus
pure que dans d'autres parties de l'immense cité,
faisaient de Chelsea le séjour d'élection pour

[1]. *La Revue de Paris*, avril 1926.

quiconque avait besoin de repos et de silence.

C'est dans la maison même où Whistler avait vécu d'une façon si excentrique — comme un Brummel américain — qu'ensuite le solide, mais prudent et timide gaillard qu'était Sargent vint se réfugier, après les attaques graves qu'il croyait avoir subies à Paris, à l'occasion du portrait de Mme Gautereau, fameuse beauté de la République, l'élégante des salons de l'Élysée. Ce portrait — sa meilleure œuvre d'ailleurs — avait causé une sorte de scandale, le seul scandale artistique et mondain que provoqua John Sargent. Il se persuade, et peut-être non sans raison, que la France où il vient de remporter des succès retentissants, où il s'est formé comme peintre, n'est pas le pays où il devrait s'établir. Redoutait-il la presse, l'indiscrétion, la camaraderie telle qu'on l'entendait chez nous au temps de Carolus Duran, son professeur, et des jeunes peintres à succès, les Bastien-Lepage, les Duez, les Gervex, les Besnard, les Helleu? Mais il ne pouvait nier qu'il n'appartînt à ce groupe ; bon gré, mal gré, il eût été « un artiste de la plaine Monceau », comme Gustave Jacquet, comme de Nittis, et une étoile des premières expositions internationales de la Galerie Georges Petit. La France était en train de l'adopter. Sa volte-face subite causa de la déception chez les uns, une surprise presque agréable à d'autres qui devinaient, sans doute, l'imbattable rival qu'il leur serait dans l'avenir. Je ne crois pas qu'il y ait eu, sur la « force » de son talent, la moindre discussion, sinon peut-être dans le clan des impressionnistes — quoique Sargent admirât ceux-ci, et fût très lié avec Claude Monet. Il contribua généreusement à acheter l'*Olympia* de Manet pour offrir ce chef-d'œuvre au Luxembourg.

Sargent, à ce moment-là tenu pour très « à la page », reprenait, disait-on, la tradition espagnole d'Édouard Manet — et donc, celle de Velasquez. Ses guitaristes, sa *Danseuse sévillane* avaient été récompensés, au Salon, de la médaille d'honneur (croyons-nous) ; la *Carmencita*, que l'on comparait à une figure de Goya, dégageait un magnétisme qu'exprimait, en anglais, le mot *glamour*, où il entre du mirage, du mystère, de l'exaltation. Ensuite Zuloaga, par des procédés plus mécaniques, allait aussi mettre au niveau du public — en se spécialisant dans l'espagnolerie — la poésie âcre et pimentée de Goya, laquelle est due surtout à la qualité non pareille de sa peinture, à sa vision, si elle doit quelquefois son prestige à la bizarrerie des modèles et à leur accoutrement picaresque. Sargent s'assimilait, « modernisait » la technique plus méthodique de Velasquez et de Hals, dont Carolus Duran croyait être l'héritier. Il sentait, en outre, l'élégance anglo-parisienne comme Helleu, son ami, son camarade aux Beaux-Arts (atelier Gérôme). Voilà, à peu près, ce que l'on eût écrit de lui environ 1890, à Paris. L'Amérique surveillait, dans le firmament des arts, un nouvel astre national entouré de satellites de plus en plus nombreux : les portraitistes de la « première société ».

*
* *

Je n'étais en relations avec John Singer Sargent que par Helleu, avec lequel maintes fois je me rencontrai à Londres, en ce fameux Dieudonné's, où M. Théodore Duret avait sa table ; Alphonse Legros, Rops, Rodin, Gervex, Roll, Ary Renan, s'y asseyaient auprès de Whistler et de George Moore. Helleu me conduisit chez Sargent. Dès le seuil, on se croyait en Italie, en France, plutôt qu'en Angleterre. Un beau gondolier de Venise — un modèle du peintre — doucement vous annonçait au patron, glissait ses sandales sur le marbre de l'antichambre. Sur les murs, une étude d'après ce gondolier, des toiles de Mancini, de Boldini, de Morelli, des pastels d'Helleu ; et, dans les autres pièces, des *cassoni* florentins, un bronze de Gemito, des miroirs et des meubles des xvie et xviiie siècles, selon le goût des Américains qui arrangent pour eux des villas en Toscane et à Capri. Déjà chargé de commandes, pris tout le jour par des séances, il ne disposait plus de son temps. L'atmosphère whistlérienne s'était dissipée, cédant à celle du « business ». Tite Street s'américanisait.

Je voudrais, d'après mes souvenirs, situer Sargent à cette heure-là. C'était la fin d'une époque intéressante ; les épigones de Whistler et des préraphaélites jouissaient d'une faveur assez localisée. Walter Sickert, aujourd'hui leader de la jeunesse artiste, zélateur de la peinture post-impressionniste, préparait ses batteries en écrivant des articles satiriques éblouissants d'esprit ; mais nous n'étions pas nombreux à prévoir l'immense autorité qu'il vient de prendre comme peintre, en Angleterre, dans sa vieillesse. Whistler menait une campagne sourde contre Sargent ; le circonspect Sargent, qui craignait la critique et l'ironie, semblait ignorer le talent de Sickert, porte-parole du diabolique Whistler. Ces deux Américains n'étaient évidemment pas du même climat artistique. Peu à peu, le *New English Art Club*, l'*International Society* (que présidèrent Whistler, puis Rodin) se groupaient en opposition à la *Royal Academy*. Sargent aurait pu faire partie d'à peu près tous les groupes en formation, qui se disputaient ses faveurs, son appui ; mais l'*Academy* bientôt l'accapara. Pouvait-il en être autrement ? La vogue d'un portraitiste lui impose des ménagements et de dures lois dont ne s'accommode pas un Sickert[1].

Marché pour les pays anglo-saxons, le salon officiel de la *Royal Academy* tirait son principal intérêt de ses portraits de personnages célèbres et de femmes du monde ; les succès qu'y obtient un portraitiste assurent sa fortune, incitent à la commande les visiteurs venus de toutes parts à Londres pendant la *season*. Le « studio » de Sargent, au lieu d'être comme la demeure de Whistler un laboratoire où la peinture se dissimulait derrière des rideaux, se métamorphosa en un taillis de chevalets, chaque baliveau orné d'une effigie en cours d'exécution, ou d'une feuille de papier Ingres couverte de crayon noir. D'abord, poser devant le jeune Américain-Parisien comportait une certaine audace, car on le soupçonnait d'être un cruel physionomiste, un psychologue-moraliste enclin à dénoncer les tares, les misères que nous celons avec soin. Mais cet interprète désinvolte et peu clément des caractères « savait peindre ». « *He can paint !* » D'année en année, nous le vîmes s'amadouer, gagner le cœur des dames, les enrouler dans le tulle et le satin, de plus en plus tournant le dos au genre de sujets que nous avions cru qu'il aimerait rendre, par exemple des corporations avec leurs costumes historiques, des

1. Coup de théâtre : Sickert vient d'être élu membre de la *Royal Academy*.

guildes, des brasseurs, des « costers » de White-
chapel, des trognes comme Franz Hals en avait
peint. Les Watts, les Leighton, les Millais, les
Herkomer étant morts, sa clientèle d'aristocrates et
de millionnaires s'accrut; il allait devenir, comme
on dit en Angleterre, une « institution », un portraitiste dans la ligne académique; et il dégageait de
surcroît un agréable parfum d'exotisme, entretenait
des accointances avec l'impressionnisme. *Carnation,
lily, lily rose,* d'adorables fillettes allumant des
lanternes japonaises, au crépuscule, dans un parterre de lis, d'œillets et de roses, fut photographié,
gravé, reproduit en chromo dans tous les magazines,
acquis par l'État; rien ne pouvait rallier plus de
suffrages que ce pot-pourri de préraphaélitisme pour
journaux illustrés, au dessin anguleux, précis, — et
de réalisme, d'impressionnisme édulcoré. Tons de
tapisserie, sentimentalité, poésie des figures, élégance, trompe-l'œil... Cette page un peu littéraire,
musicale et anecdotique, sut convaincre le public
de Burlington House, amateurs de Millais, de Burne
Jones, jusqu'alors hésitants à saluer en Sargent un
successeur de ces maîtres qui reliaient le passé au
présent, l'école italienne à l'anglaise.

La « peinture » ne servait plus guère, chez les
Anglais d'alors, qu'à des fins à peine picturales. Je
ne dirai pas qu'aujourd'hui l'on dénombrerait plus

de bons peintres-nés qu'il y a trente-cinq ans ; mais les tendances des artistes, anglais, français ou d'ailleurs, sont mieux orientées vers la vraie peinture. Sickert, environ 1890, était, et il devait rester un quart de siècle après, plus connu à Paris qu'à Londres ; il vivait obscurément à Dieppe ou à Venise, se consacrait surtout au paysage urbain. William Steer commençait à peine de se faire remarquer. La peinture impressionniste, ou « indépendante », était englobée dans le whistlérisme, d'où émergeraient les Lavery, les Nicholson, Beardsley, Conder, etc. Citons en marge, Charles Ricketts, Charles Shannon, Rothenstein. Peu de portraitistes en faveur, à part les Académiciens. Le plus sérieux, le meilleur peintre, Ouless, — leur Bonnat — confectionnait à la douzaine ces toiles robustes, au relief obtenu par le contraste de l'ombre et de la lumière, qu'un Conseil d'administration offre à son président. Le Munichois Sir Hubert Herkomer, à la fin du règne de Victoria, interprétait à l'allemande les *great national events*. Naturalisé anglais, il s'appliquait à idéaliser des généraux, des amiraux, les invalides des guerres coloniales. Orchardson, un « intimiste » non sans analogie avec notre Fantin-Latour, exécutait moins de portraits que de tableaux de genre à sujets historiques. Mais les dames, à quels pinceaux de martre confiaientelles la charge d'effacer les pattes d'oie, les taches de rousseur et la couperose? Sant, Marcus Stone, une gracieuse équipe d'imagiers, tout sucre, miel et cold-cream, auréolaient de chapeaux de paille à rubans le minois de châtelaines escortées d'un lévrier; jolies blondes prêtes à gravir les marches délitées d'un escalier de pierre, écartant de leur mule de soie les feuilles mortes d'un parc aux haies de thuyas taillés. Au fond de la toile, on distingue la silhouette de leur manoir. Les ciels d'orage, les draperies coruscantes, les sommaires paysages à la flamande, obligatoire décor d'un portrait, depuis l'époque de Gainsborough jusqu'à celle de Sir Thomas Lawrence, les Marcus Stone les transposaient selon leur goût bourgeois, fignolant les détails comme des gouaches pour Christmas cards. La pâte coulante, les hasards heureux de la brosse dont Sargent cinglait ses toiles, firent révolution à l'*Academy*. Le jour du vernissage, le même public qu'aux matches universitaires de « Lords », gens très graves, très solennels, mais d'esprit frivole, et fort ingénus, pour qui Sir Alma-Tadema et Lord Leighton étaient des maîtres, discutèrent avec autant de componction la virtuosité, le « slap-dash » du « crack » bostonien que les compositions mythologiques de Frederick Watts.

* *

Mais laissons le peintre, ses œuvres parlent pour lui. Le cas de Sargent comme individu retiendrait à lui seul l'attention d'un essayiste, quand bien même l'œuvre peinte ne le toucherait pas. Le portraitiste à la mode est d'une espèce singulière. Si son métier ne l'amuse pas, si les êtres humains l'intéressent peu, s'il n'a pas de besoins pécuniaires qui l'aiguillonnent, s'il ne s'éveille point le matin dans la joie d'avoir à exercer tout le jour ses dons de causeur, son observation ou son adresse manuelle, alors c'est un forçat volontaire. Que ne va-t-il chez le psychiatre soigner sa névrose ? Un Rubens, un Renoir, peignent jusqu'à leur mort d'après n'importe quoi, parce qu'ils triturent des couleurs comme ils respirent ! Pour certains artistes, l'acte de peindre c'est celui du mâle qui procrée sans se tourmenter pour l'avenir de sa progéniture ; allègre, il suit son instinct qui le porte vers la chair. Pour d'autres, au contraire, leur existence « artistique » est un calvaire de tourments, et de doutes sur la valeur et l'avenir de leur œuvre. Ainsi, un Degas, irritable, pestant, geignant dans les douleurs maternelles de la parturition, chaussant des lunettes quand sa vue est menacée, presque abolie, ne se lasse pas d'appro-

fondir des problèmes neufs, cherche à rendre avec
des procédés de fortune des aspects de la vie aussi
variés que sont inépuisables, pour un grand paysagiste, les motifs dont il s'inspire. Mais un portraitiste dont la signature doit être son coup de brosse
reconnaissable de loin, lui, lamentable fournisseur
breveté chez qui se présentent un monsieur, une
dame, de même qu'un client chez le tailleur (modèles
qui entendent être *embellis*, amenuisés selon une
convention d'époque) — quelle équanimité ne lui
faut-il pas avoir en partage ! Le client est son adver-
saire. Cette tragédie vaudrait d'être contée par le
menu.

Les premières attaques du succès présageaient
pour Sargent une carrière où l'on voudrait savoir si,
tel qu'à Paris Helleu nous le dépeignait, tel qu'ensuite je l'ai cru voir, c'est de franc cœur qu'il s'engageait. Car il participait des deux natures de peintres
que nous venons de définir. Mais qui donc se vantera
de l'avoir véritablement connu ? De même que les
personnes qui se seront dites les intimes d'Henry
James, les plus nombreux adorateurs de Sargent
nous font mal comprendre ce en quoi consistent
l'amitié, l'intimité avec un être qui s'enferme dans
une cuirasse, ne se déshabille jamais devant vous,
comme si sous sa chemise il portait un pansement.
La sociabilité, l'expansion d'un Henry James, sa

drôlerie, sa pyrotechnie verbale et les billets précieux, étincelants, débordants de tendresse dont il
régalait ses amis, devons-nous les ranger parmi ses
« moyens de défense » ? James, prosateur difficile,
venait se détendre en ville, ou dans des visites à la
campagne, puis s'en retournait à Rye dicter à sa
secrétaire ses admirables récits, hérissés d'observa-
tions ironiques ; ses portraits n'étaient pas tous *pretty-
pretty* ; il était libre et intransigeant, quoique
pauvre et assoiffé de confort britannique. Ce favori
d'Américains luxueux déplorait d'être moins aimé,
chez les éditeurs à gros tirages. Il me souvient de
ses allusions furtives à certains de ses confrères
anglais, et au John Sargent d'avant la guerre.
« *Dear John ! dear John ! Admirable Bostonian !
Wonderful accomplishments — a gem !* » (« Une
perle ! »).

Un concours providentiel de circonstances et son
énergie personnelle auront fait de Sargent, ainsi que
le disait Henry James, « l'homme complet », selon
l'idéal de leurs compatriotes, « le parangon des vertus
civiques, publiques et familiales ». De famille, il n'en
fonda point, mais il fut fils, frère accompli. Ses
accomplishments intellectuels, et sa position sociale,
furent précisément ce à quoi un adolescent bostonien de bonne souche devait prétendre, au temps
où Henry James écrivait *The American*. John resta

le « bûcheur » de l'atelier Gérôme ; il gagna des fortunes, mais quasi malgré lui, avec un détachement,
une simplicité gentille d'allure, une générosité tout
à fait rares. Sa modestie était foncière, je reste convaincu qu'il ne s'est point rendu compte qu'il occu-
pait une place unique : il domptait un animal rétif
— le modèle payant — grâce à un prestige sans
exemple. Naïf, s'il le fut jusqu'à se faire prendre
pour un malin qui joue la candeur, j'estime que,
même en tant que peintre, naïf et sincère il l'a été.
Mais il y aurait à s'entendre sur le sens du mot
« sincérité » en art. Bouguereau a pu être naïf, non
moins que le douanier Rousseau ; Picasso ne l'est
pas. Dans certaines époques — ai-je eu souvent
l'occasion de l'écrire — rien n'est plus périlleux
pour l'artiste que « la divine innocence des simples »
— ou tout le contraire ; les extrêmes se rejoignent.
Sargent avait de la lecture, entendait beaucoup de
musique, déchiffrait des partitions, se précipitait au
piano pour jouer du Fauré dès qu'il disposait de
quelques minutes. Il voyageait quand ses clients lui
octroyaient des congés, tenait une formidable cor-
respondance, sachant garder ses vieux amis, en
acquérir d'autres que lui valait sa gloire. Chacun
des personnages qui posèrent devant ses lunettes
d'écaille resta fasciné ; confiant en son autorité, en sa
constance proverbiales, on était d'autant plus ardent

à poursuivre le maître d'assiduités, qu'il se défendait contre les entreprises du monde.

Si solide au physique, ce gaillard qui aurait pu s'offrir les plus dispendieux plaisirs menait une vie réglée au métronome, close, ne préférant rien au commerce de ses sœurs, de ses cousines, de quelques respectables dames de leur cercle. Il dînait, plus volontiers qu'au Ritz, avec des rapins dans un club obscur de Chelsea. Soyons assurés que la conversation de ces professionnels n'égratignait pas le prochain ! On l'a vu, lui qui planait pendant la guerre comme une mouette au-dessus d'une mer en fureur, s'abattre quand une de ses charmantes nièces, mariée au fils d'André Michel, fut tuée à l'église Saint-Gervais par un obus de la Bertha. Sargent était fait pour le « home », mais à l'anglaise, sans entraves. Il fut un dilettante du célibat. Une vie réglée et sans autres passions que celle de l'art, combien d'artistes n'en ont-ils pas rêvé ! Mais lui ? Son métier de portraitiste l'assommait. Quel était son mobile ? Point de besoins, peu d'ambition. Pas d'aventures. Pas d'avarice. Une profession monotone ; acceptée pourquoi ? Ce fut son secret.

Une jeune fille, bercée, comme l'on dit, sur les genoux de « John », s'écriait tandis que sa tante, une des Égéries du maître, avait le dos tourné :

« Qu'est-ce que le biographe du cher M. Sargent

pourra divulguer ? Ses lettres sont d'un *Eton boy !* »

Partout, il était *persona grata*. Sa réserve et sa balbutiante timidité se masquaient tour à tour derrière une gaieté naïve ou une politesse évasive, le quant-à-soi du diplomate. Et il semblait bâti pour ramer en chemise de flanelle sur la rivière, pour jouer au golf — autant et plus que pour revêtir des uniformes chamarrés, à des cérémonies. Le « Royal Academician » s'acquittait de ses fonctions avec un scrupule de fonctionnaire ancien régime. Il gardait un calme de circonstance alors même qu'on savait qu'il bouillonnait, excédé par le harnois qu'un prodigieux succès imposait à son échine de gars sanguin, nerveux, violent. Le pauvre John devenait aphasique quand il lui fallait porter un toast à la fin d'un banquet, soutenir une œuvre désapprouvée par un jury dont il était le membre le plus équitable, le plus compréhensif.

Très averti de toute la production étrangère, plus cosmopolite que Henry James, il s'était, à force de volonté, adapté à l'insularité et au flegme britanniques. Né à Florence — (ce qui est piquant pour un bostonien !) — il avait appris son métier à notre École des beaux-arts, sa fulgurante course aux lauriers se déroulait sur les vélodromes de Londres ; il ne tint qu'à lui de n'être pas créé chevalier, comme Herr

von Laszlö ou son illustre prédécesseur Sir Anthony
Van Dyck, baronnet ; voire pair du royaume comme
Lord Leighton. Loyal à sa mère patrie, il ne se
naturalisa point, contrairement à James qui, par
reconnaissance à son pays d'adoption, crut, sur le
tard, plus juste de renoncer sa nationalité d'origine.
Aussi, quand Sargent mourrait — sans s'en apercevoir, un livre de Voltaire sur ses genoux — plus
très jeune, mais en pleine possession de ses facultés
extraordinaires, l'Amérique prendrait le deuil. Sa
disparition serait commentée aussi pieusement que
vient de l'être, en Europe, celle du cardinal Mercier :
deuil national !

Les Américains n'avaient point eu leur « grand
peintre ». Il leur en fallait un. Au délicat, au quin-
tessencié Whistler, avait manqué la force. « Strong »
est l'épithète dont on définit, là-bas, un bon
ouvrage. Sargent incarna la manière *forte* d'em-
ployer la brosse, selon cet idéal innocent. A tous
les portraitistes ambitieux de suffrages dont il finit,
lui, par s'irriter, il imposa sa technique à effet certain, sa façon de traiter le modèle féminin avec une
apparence d'impartialité un peu brutale, néanmoins
avec des égards pour les conventions. Il vous cam-
pait un homme pour la postérité : par ses soins,
chacun de ses modèles, marchand ou docteur, devenait un personnage calé, un aïeul de conséquence,

un gentleman de notre ère. Et pourtant, il voyait la
nature avec des yeux ordinaires, enregistrait les
aspects du monde avec plus d'exactitude qu'un
objectif photographique, lequel déforme et nous
donne des « coupes » inattendues ; ses banals paysages le prouvent, qu'il faisait pour lui seul, en suivant les parcours du touriste, vers les sites que les
guides désignent aux néophytes de l'excursion en
montagne. Pendant plus de trente ans qu'il résida
dans Londres, les délicatesses de l'atmosphère, les
merveilleux types populaires, peut-être les loisirs
lui manquèrent-ils pour les reproduire : « Je n'ai pas
le temps ! Venez donc chez moi, causons peinture,
je ne sais avec qui en parler ici. » C'est qu'il redou-
tait les brocards de ses jeunes confrères, ne croyait
pas en leur talent — et ses collègues académiciens
l'assommaient d'éloges emphatiques.

Dans sa maturité, au summum de sa réputation, le
portraitiste devait prendre des engagements six mois,
un an d'avance... Le voici qui avale en hâte, comme
un marchand de la City, dévore d'un appétit de chasseur un lunch massif, au grill-room de Hyde-Park
Hôtel. Des viandes qu'il arrose de vin, le fromage,
l'entremets que le garçon dépose, pêle-mêle, parmi
les journaux et les cigares. Une demi-heure, pour
recharger le moteur, faire son plein d'huile et d'es-
sence vitale après la séance du matin, avant celle de

l'après-midi. Congestionné, fumant des bûches de
la Havane, poilu, la cornée injectée, soufflant, il
parcourt le *Times*. Sargent, un Walt Whitmann
citadin et asphyxié, un loup de mer dont les pou-
mons réclament de l'oxygène, est descendu d'une
voiture ouverte, sans pardessus, en hiver, et consultant sa montre, il va se jeter dans un autre taxi.
Vite au studio, avant qu'arrive l'Altesse dont il
fixe la physionomie !

Ennuyé, inquiet, plus trépidant qu'à ses débuts,
si souveraine que fût son habileté manuelle, soudain
il bouleversait, balafrait, grattait ces portraits qui
semblent une jonglerie. Il effaçait, recommençait,
peinait comme un condamné au hard labour, pour
chercher une succincte composition, après avoir peint
le masque et les mains — en général si réussis. Ses
décors trop théâtraux, si laborieusement organisés,
ses accessoires, il ne les traitait pas avec cette fer-
meté, n'obtenait jamais cette qualité de la matière qui
allouent aux natures mortes d'un Manet une valeur
d'art, un intérêt égal à celui qu'offre une figure. Sargent manquait trop d'amour pour la matière. Sa pâte
craque déjà, s'amincit, s'affaisse comme un vol-au-
vent détrempé par la sauce. Et pourtant, ses portraits
vivent. Mais d'une autre vie que celle de la peinture. Son œuvre de portraitiste équivaut à des
Mémoires, dont il aurait retranché trop de ces

aperçus hardis et personnels qu'il ne sied point que
nous publiions durant notre vie, et qu'une âme
généreuse comme la sienne hésite même à livrer
aux hommes de l'avenir. Telles quelles, pourtant,
ces pages émondées auront plus tard un grand intérêt
historique.

Si l'on ne juge pas Sargent d'un point de vue
extra-pictural, comme une volonté de conservation
sociale mise au service de l'art du portrait, son
œuvre sera appréciée avec aussi peu de justesse
qu'elle le fut par les enthousiastes gens du monde
à l'Exposition posthume de Burlington House, et
par les dénigreurs qui « standardisent » et limitent
l'art moderne, depuis Cézanne, comme font les
marchands de tableaux (les deux attitudes sont aussi
naïves l'une que l'autre) ; or, presque tous les peintres
et les esthéticiens sont parmi les dénigreurs. L'*intelligentia* de la « fashion » salonnière commence à
faire chorus avec les démolisseurs d'une statue qu'elle
avait fleurie d'abord. C'est un rôle assez ridicule ;
elle s'y complaît. Le snobisme feint de ne point
s'apercevoir des camouflets qu'il reçoit.

*
* *

Une rétrospective étant organisée l'hiver qui suit
la mort d'un académicien, Sargent, à son tour,

subit la fatale épreuve. Le tiers — rien que cela !
— le tiers à peine de ses ouvrages emplit une
dizaine de salles énormes, envahies par une foule
respectueuse, délirante d'admiration, ou bassement
méprisante.

Cinq ou six de ses toiles (au premier rang, sa Lady
Sassoon, née Rothschild, sa duchesse de Connaught,
et quelques vieillards obscurs qu'il avait eu plaisir
à étudier) sont plus que des portraits très humains,
ce sont de bons tableaux.

Je mettrais au-dessus de tous les groupes de portraits, une toile de quelques centimètres carrés, à
laquelle Sargent n'attribuait peut-être pas la valeur
qu'elle prend avec le recul des ans. La scène est à
Venise. La « sala » du *piano nobile* dans un des
antiques palazzi du Grand Canal. C'est en août,
l'après-midi : le soleil tombe d'aplomb sur le carre-
lage du sol ondulé, incurvé par le fléchissement de
ces pilotis plantés dans la boue, qui supportent des
tonnes de marbre. Ce salon au plafond voûté,
stuqué, peint à fresque, haut, vaste comme certaines
chambres du Palais des Doges, est celui de deux
aimables vieillards, Mr. et Mrs. Curtis, inamovibles
résidents à Venise, les doyens de la colonie américaine. Leur hôte en été, Sargent les a posés au premier
plan, en pleine lumière, chacun dans son siège habituel, parmi de beaux objets collectionnés par eux en

Italie, et d'autres venus de l'Angleterre ou de Boston. La douce lumière du ciel marin et du canal baigne ces deux figures sereines d'exilés volontaires loin des gratte-ciel, des tramways, des trompes d'auto, des sifflets de chemin de fer, du *progrès*. Un jour, leurs cercueils seront portés au cimetière sur une barque, au son des rames coupant le jade veiné de la lagune, et ce seront les funérailles d'une aristocratie américaine européanisée, d'une vie de société, de loisirs nobles. Les romans de Henry James en livreront le secret aux futurs Yankees fabricants de moteurs d'aéroplanes. Au fond de la *sala*, le fils et la bru des vieux Curtis — la fringante génération de la Riviera — debout, disponibles pour toute croisière aux Indes, au Japon, ce jeune ménage qui a son pied-à-terre à Paris, sa villa près de Monte-Carlo, un chalet à Deauville, semble vérifier le pli d'un pantalon, la coupe d'une jupe de Redfern, avant d'aller goûter au Lido, courir les bric-à-brac. De ce groupe d'oisifs déracinés, Sargent a fait un tableau de mœurs poignant. Ils lui représentaient son milieu naturel.

Il suffirait, d'ailleurs, du legs Wertheimer à la National Gallery, pour juger la puissance de certains portraits de Sargent. On a vu, quelques mois, la série des *Wertheimer* à côté de Reynolds, de Lawrence, de Van Dyck. Ils « se tenaient ». Est-ce peu de chose? Personne n'a inspiré le peintre plus heureusement que la famille du riche antiquaire. Le père, que Rembrandt eût enturbanné, sa femme, ses filles au teint d'almées et de bohémiennes, les garçons d'un type oriental mâtiné de saxon, parfois si beau en Angleterre, comme il s'est *amusé* avec eux ! Il met à les analyser une pointe de caricature, et beaucoup de sympathie tout de même — comme dans sa lady Phaudell Phillips, l'épouse emperlée, empanachée, d'un lord-maire, radieuse de se carrer, à Mansion House, dans son trône temporaire. Sargent excelle à rendre ce qu'a de si pathétique l'impétueuse race des Sémites sous le rouleau compresseur du *cant* britannique.

Quand ses groupes d'aristocrates pur sang dépassent la mesure des toiles dont il a l'habitude, alors, perdu, il appelle à la rescousse le couturier, le tapissier, le décorateur. Le satin blanc tombe en cascatelles, des coussins se gonflent comme des zeppelins ; Sargent plante des orangers dans des urnes toscanes, fait fleurir des arums monstres, des azalées, derrière les languides beautés aux cols de cygne, sans que les vides du tableau s'emplissent de la couleur qui les masquerait. Couvrir une surface de volumes et de lignes « selon un certain ordre agencés » n'était guère de son ressort. Son œuvre m'apparaît aujourd'hui sous la figure d'un navire de la Compagnie Cunard, auquel sont confiées toutes les richesses du monde :

il transporte à travers l'Océan les modes de chez nous
et de l'Amérique, des joyaux, des fourrures, des
jupes aux étoffes soyeuses. D'adorables femmes,
alertes et décidées, feignent de lire sur le pont, se
balancent dans des rocking-chairs, polissent leurs
ongles, feuillettent des magazines en rêvant d'un
mariage princier. Le bateau porte aussi des diplo-
mates, des financiers, des antiquaires anoblis par
Édouard VII; des savants, des premiers ministres,
des actrices étoiles; des pianistes et des ténors
méditent sur les chances qu'ils auront de propager
tout autour du globe une image, reproduite à des
milliers d'exemplaires, de leur corps périssable,
des traits qui changent et se décomposent sous les
rayons croisés d'une gloire viagère. En troisième
classe, quelques pauvres Italiens, des mandolinistes
gitanes, et leurs ballerines, pour qui le capitaine
nourrit de secrètes faiblesses. Car un peintre illustre
commande à bord. A peine rentré au havre, il repart.
Par sport, une fois, il s'était laissé coudre les galons
de capitaine, comme un seigneur madrilène endosse
la salopette du mécanicien, dirige une locomotive.
Ce sport qui une fois l'a excité, quel ennui! quelle
dépression ce devient à la longue! Il n'ose pas le dire
à ses aficionados, peut-être point à lui-même.

On l'avait sacré portraitiste des magnats de son
siècle. En serait-il toujours le serviteur?

— Ah ! il n'en avait que trop, de *talent*, me répond-
on — mais de la *sensibilité* ? Eh bien ! les dons
qu'il n'avait pas sont si communs de nos jours, que
leur absence, dans son œuvre, constituera presque
une originalité. Quand un visage, un corps, un geste
éveillaient en lui des émotions plus profondes, il était
capable d'exécuter un morceau magistral, chose difficile, beaucoup plus rare que les créations du « goût »
et de l'ingéniosité. Mais pourquoi s'en va-t-on clamer
qu'il continuait la tradition des grands portraitistes
du xviii° siècle anglais ? Sa peinture n'a rien d'anglais ;
elle doit peu à Manet, quoi qu'on en ait dit ; John
Singer vient à la suite de Carolus Duran ; il créa la
peinture américaine, en cela capitaine d'industrie,
tout comme son compatriote Ford. L'Amérique a
compris qu'il exprimait par sa peinture et par son
existence en Europe le génie de sa race composite.

**

Ici, abordons une question délicate. Sargent n'était-
il point trop intelligent pour n'avoir, vers cinquante-
cinq ans, flairé que les quelques artistes avec lesquels
il ardait de parler d'art avaient leurs raisons de ne
faire point de sa peinture le cas que, tout de même,
il eût aimé qu'ils en fissent ? Les jeunes, qu'il avait
autrefois trop ignorés, remuaient en Angleterre bien

des idées, remportaient aussi des succès, les critiques leur consacraient des colonnes dans les journaux et les revues. Augustus John, Walter Sickert grandissaient en face de lui qui terminait son ascension. On chuchota dans les salons : « Mr. Sargent ne prend plus de commandes, il fait du paysage à l'aquarelle, « *his wonderful sketches in water calour!* » Des suppliques furent câblées d'Amérique, le tarif de ses portraits fut triplé, s'il consentait, par exception, à faire poser un milliardaire. Alors l'Université de Boston lui commanda la décoration d'une bibliothèque énorme, l'*Histoire des religions*. Nous doutâmes, pour une fois, de la modestie de Sargent, quand nous sûmes que cette folle entreprise allait aboutir. Raisonnement d'officiels : puisqu'il était le « Roi de la peinture », à lui revenait de droit la commande. La conception naïve consistant à le charger, lui, peintre de portraits, du décor d'un palais avec des fresques à la Michel-Ange, Sargent la prit au sérieux. Il se claquemura dans plusieurs ateliers de Fulham Road, s'abîma dans la méditation et la lecture de mille bouquins de théologie, d'histoire de toutes les religions ; puis esquissa des compositions, apprit à modeler la terre glaise, car des morceaux de sculpture s'insèreraient entre les panneaux peints. Ouvrage « titanique » qu'il n'acheva pas tout à fait. Entre temps, il se mit à dessiner des têtes au fusain, masques qu'il se plaisait à offrir à des amies ou qu'on lui payait cher, jolis comme des têtes de *Vogue*, d'une écriture appuyée, d'une apparence violente, libre, mais facile. Des « têtes d'expression » franchement médiocres, d'un art très vulgaire, voyant comme ses aquarelles. Nouveaux triomphes mondains. Séjours en Amérique, reprise des séances de portraits à l'huile. Puis ce furent les années de guerre et d'après guerre.

Je n'ai plus rencontré Sargent qu'à Londres, vers 1923. Une partie considérable de la décoration bostonienne une fois marouflée, il y avait travaillé sur place. On disait partout que le maître s'avouait ravi de l'accueil de ses compatriotes ; qu'il s'était enfin senti chez lui dans la ville berceau de sa famille, Américain jusqu'aux moelles. Mais il passait quelques mois en Angleterre. Ses studios de Fulham Road se déverrouillèrent quand je le priai de me renseigner sur sa santé. Elle avait été mauvaise. J'ai dit que nous n'avions jamais eu de relations que superficielles ; mais des amis de Paris me priaient de vérifier par moi-même comment il se sentait. En blouse de coutil, maculée de terre glaise et de plâtre, les joues, les mains soufflées plutôt que grasses, les paupières gonflées, il allumait une cigarette à l'autre ; des bouteilles de soda, des flacons entamés m'eussent révélé la soif dont il me dit qu'il était

incommodé. Il me parut malade, malgré les dénéga-
tions indignées de ses intimes, auxquels la pensée
que cet archange pût vieillir était intolérable. Il mode-
lait un bas-relief. Il sortit de ses porte-folios des photographies d'après la partie achevée de sa décoration,
dont j'avais vu quelques fragments quand il les peignait
jadis, entre autres une Madone des Sept Douleurs,
d'un réalisme à l'espagnole, se montrant derrière
des candélabres d'autel. Des grisailles gigantesques,
des prophètes, je crois, rappelaient les *Sibylles* de
la Sixtine. Confondu par l'ampleur, la complication, sinon l'incohérence du plan d'ensemble, je
demeurais plein de respect pour cette entreprise qui
supposait, chez Sargent, une vie austère, des études,
des lectures, une documentation incommensurable
avec la culture du portraitiste — bref un renouvelle-
ment très voulu, que soutint une haute et noble espé-
rance de laisser aux États-Unis un monument impéris-
sable.

Le ton grave de Sargent imposait. Pour le mou-
lage de sa sculpture, Londres le retiendrait tout
l'hiver. Nous étant assis pour deviser, ce midi de
décembre, dans le laboratoire assombri par la brume,
il m'interrogea, non sans une émouvante curiosité,
sur le sort présent des artistes de sa génération, dans
un Paris qui semblait lui être comme une cité d'Ys
engloutie dans la tourmente — un lieu qu'il avait

certes aimé, mais si loin, si loin de ses préoccupations actuelles ! La politique européenne lui échappait, il n'essayait aucunement d'en comprendre les mobiles, jugeant la nôtre selon le rythme de ses plus anciennes habitudes d'esprit candide, un peu à la façon d'une Américaine devenue conservatrice d'un musée à Buffalo, qui se souviendrait de ses premières visites en Europe, quand elle était étudiante.

— « X..., vous savez, ce X... dont j'ai à Tite Street un paysage charmant, fait-il encore des paysages, voyage-t-il ? Je suppose qu'il a une fortune, comme Claude Monet ? »

Je lui répondis que non pas.

« Pourquoi ne va-t-il pas à New-York ? Et vous, vous ne vous déciderez donc jamais à y aller ? Pourquoi ? »

Et il me décrivait, sans ambages, un El Dorado des artistes qui m'épouvantait — ajoutant, il est vrai, que pour lui, New-York, Chicago ne valaient pas son « old Boston » aux coutumes désuètes. Dans les villes industrielles récemment surgies, une fièvre de l'or, du jeu, possédait les femmes, les mères et les enfants — « jeu désintéressé, sport cérébral ».

— Tentateur ! fis-je, toutes les commodités du monde, on peut en jouir de l'autre côté de l'Océan ; chaque ouvrier semble y avoir sa Ford, mais appelez-vous cela le bonheur ? »

Sargent semblait croire qu'il en était de même ailleurs. Il venait, du reste, d'autoriser un confrère, désireux d'acquérir une automobile, à vendre une esquisse qu'il lui avait donnée. Ses moindres ouvrages étaient en voie de prendre sur le marché une cote que les peintures d'un portraitiste n'atteignaient nulle part jusqu'alors. Je prononçai le nom de Renoir, de Degas ; puis de Picasso, d'Utrillo, de Derain ; enfin d'autres encore qu'il ignorait. Et comme je l'éclairais sur le système de lançage instauré à Paris et à Londres, sur le trafic prodigieux dont profitaient d'abécédaires génies, je crus remarquer un léger frémissement des lèvres ; Sargent s'impatientait ; il y eut un silence. Il murmura : « Vos critiques et votre public ont-ils *changé leur arme d'épaule*, depuis le *four* que me valut Mme Gautereau ? » Que signifiait cela ? Un regret de n'être plus aussi hardi, de n'avoir pas été en avant ? Je ne sus me retenir, lui répétant une fois de plus que les peintres l'avaient applaudi sincèrement, quand ils sentaient qu'il avait frémi en peignant la chair d'une petite danseuse javanaise, cerné le galbe d'un être un peu étrange comme Mme Gautereau, quand il avait *aimé*. Une sélection rigoureuse dans son œuvre, hélas, resterait à faire, pensais-je, mais pourquoi lui parler de ses figurines dans un vallon d'Ecosse, de ses jeunes filles au châle de cachemire, pages détaillées et vides, prêtes pour un numéro du *Graphic* ?

Je me tus.

— « *Never mind! I know!* Je sais qu'Helleu, grand connaisseur en peinture et mon ami, n'a jamais pu souffrir la mienne, excepté mon portrait de Mme Gautereau — et vous vous fâchiez, quand je retournais contre le mur mes toiles ! A propos, admirez-vous encore Walter Sickert ? »

Ces phrases gênantes, il les hachait nerveusement, comme il mâchait le bout doré de sa cigarette ; les syllabes s'effilochaient avec la fumée bleue qui sortait de ses narines. En dépit de nos efforts, un fossé se creusait entre deux races, deux sensibilités, qu'aucune passerelle ne nous permettait plus de traverser sans crainte. Mais cette sensation, qui s'intensifie, d'avoir été face à face avec un Symbole, d'avoir conversé familièrement avec une créature sacrée, « une Force de la nature » — et que dissipent parfois mes souvenirs anciens de sa modestie, de sa générosité, de ses bons procédés envers ses confrères — me rend plus sensible aujourd'hui le magnétisme qui émanait de cet Hercule moderne en complet-veston.

Nous lunchâmes ensemble au grill-room, mais nous nous y rendîmes en voiture fermée cette fois ; il avait mis son paletot, une écharpe, il toussait. Mais quel appétit !... Servis par les mêmes *waiters* que naguère, je me plus à évoquer les temps où j'habitais

cet hôtel, proche de mon atelier de William Street,
quand Sargent surveillait l'horloge en déjeunant. La
poésie des crépuscules sur la Serpentine, Hyde Park
au matin ! Le soir, les comédies de Bernard Shaw,
au Court Theater, salles vides après la répétition
générale, mais rendez-vous d'un petit clan. Le théâtre
irlandais ; Yeats, George Moore, Thomas Hardy non
encore déifié, Henry James, tous nos amis... Nuits
de printemps, vagabondage à travers la ville en fête,
les belles, les admirables créatures courant d'un bal
à l'autre ; le salon d'une fée, d'un génie de la réception,
cette Mrs. Charles Hunter chez laquelle jamais on ne
perdit les heures qu'elle dérobait à votre travail. Mary
Hunter apprêtait, pour les nouveaux venus à Londres,
la surprise de voir Mr. Sargent sur un sofa de chintz.

— « Peut-être, oh ! s'il ne nous fait pas faux
bond ! il est si sauvage ! mais il viendra *peut-être*,
entendre Reynaldo Hahn, Percy Grainger... Si je
faisais jouer du Fauré pour que Mr. Sargent vienne
sûrement ? Mr. Balfour dînera, j'aurai lord Ribbles-
dale, Henry James, Diana Manners, les duchesses
qui sont belles ; pas d'ennuyeux ! »

En effet. Mr. Sargent assistait comme par hasard à
un banquet de la *Royal Academy* ; il était retenu au
Royal College ou au Chelsea Club. Au deuxième
coup de minuit, Mr. Sargent, bâillant, se couchait,
lisait et dormait. Demain, trois séances.

« La saison à Londres, me dit Sargent — c'était
la dernière fois que je le vis — la « glamour » de
Londres, tant mieux si vous en éprouvez un certain
charme. Pas moi ! Le monde m'était un cauchemar,
la ville, un enfer. Impossible de songer à ma décoration de la bibliothèque. Ah ! ces maudits modèles,
ces portraits, ces portraits ! Impossible de m'évader,
ils m'absorbaient. Je recommence à peine à être libre
de prendre un billet à la gare. »

Deux mois après ce repas au grill-room, je revins
à Londres. Sargent m'avait chargé d'une mission à
Paris ; je sonnai à sa porte. Sa vénérable gouvernante, avec des réticences, m'annonça que son maître
était couché depuis tantôt. J'insiste, écris un mot
sur ma carte, et j'attends, sous le portrait du jeune
gondolier qui, vieux, est encore là, le chien fidèle du
patron. Rien n'a changé. Pas un bibelot de moins.
Respect. Silence. La mort rôde, qui va disperser des
éléments d'ordre organisés avec soin. Aux dernières
nouvelles des journaux, dès le lendemain : Maladie
de Mr. Sargent. Puis les reporters obéissent : il faut
se taire ! On ne donnera plus de bulletins. Une amie
de Sargent se fâche ; ne lui ai-je pas dit que je
n'avais pas été reçu à Tite Street ? « Mr. Sargent me
téléphone à tout instant — c'est criminel de répandre
de mauvais bruits, jamais John n'a été mieux portant ! »

Il ne se releva plus, expira tout en caressant un livre. Il lisait ; son beau vice innocent.

*
* *

J'ai dit plus haut ce qui suivit la plus enviable des morts, mais une moins enviable existence d'honnête homme serf de sa souveraineté. Les meubles, les bibelots, les centaines d'études, les milliers de feuilles de papier couvertes de dessins au crayon et au pastel, sur quoi il avait voulu garder des droits, ses héritiers les envoyèrent à la salle des ventes, même son tabouret de piano. Des ustensiles de métier furent étiquetés, inscrits au catalogue, par piété, les sœurs du défunt estimant que rien ne devait être refusé aux dévots du maître de ce qui lui avait appartenu. Un lambeau de tapisserie, son essuie-brosses, raide de couleurs coagulées, fut adjugé quelques livres sterling ; une copie de la célèbre tête du Pape, par Velasquez, rapide croquis à l'eau, monta jusqu'à plusieurs centaines de mille francs ; des ordres d'achat télégraphiés d'Amérique firent de ces enchères un mémorable événement.

La maison de Tite Street aurait pu être convertie aussi bien en musée votif, comme la demeure de Gœthe ou de Nietzsche. Un portraitiste américain vient de l'acquérir pour y continuer l'exercice du portrait mondial, dans la facture cosmopolite de John Singer Sargent Il fera des « replicas », pour les familles obligées de vendre les portraits originaux aux galeries du Nouveau Monde.

SPÉCULATION ET CRITIQUE[1]

*Le véritable Indépendant est le peintre
qui ne suit pas la mode.*

DEGAS.

L'essai sur John S. Sargent m'aura valu des reproches de la droite et de la gauche : j'avais, semble-t-il, sur- ou sous-estimé l'œuvre d'un homme que j'appelais un *grand Américain*. D'aucuns s'étaient attendus à ce que Sargent fût présenté comme un grand peintre. Une non moins curieuse leçon que je tirai de cet article ne fut-elle pas l'ignorance presque complète, où étaient certains de mes lecteurs, de l'existence même de John Sargent ? Après réflexion, je me souvins qu'à la mort de Charles Cottet — un des peintres français de ma génération dont on aura le plus parlé de son vivant — une Parisienne plus qu' « avertie », mais passionnée pour le « nouveau »,

1. *La Revue de Paris*, juillet 1926.

m'avait dit : « Qu'est-ce qu'il faisait? Je n'ai jamais
regardé sa peinture. » Pourtant, qu'avait été Cottet?
Une sorte de Derain ; une des têtes d'avant-garde
du néo-impressionnisme. On s'arrachait ses œuvres ;
elles prenaient place dans les collections publiques
du monde entier. Sa mort récente et deux rétrospectives ont passé complètement inaperçues.

A mesure que les moyens de communication entre
pays se multiplient, le phénomène d'une production
artistique sans cesse accrue rétrécit le champ de
vision de l'amateur. Le chiffre plus que décuplé des
ouvrages qui paraissent quotidiennement, étonne
un esprit normal, refuse à un homme occupé d'autres
soucis le moyen de se tenir au courant. Il faut choi-
sir? Tels se réfugient dans l'étude du passé, visitent
les musées, relisent les livres qu'ils ont aimés ; tels
autres — et c'est la majorité — s'adonnent à suivre
le mouvement moderne ; autour d'eux, au plus près,
surgit à chaque minute de quoi les tenir en éveil.

Mais ce sont là des généralités. Elles n'expliquent
pas la partialité, la paresse de chacun à comparer
— ni l'incroyable inaptitude du « public éclairé »
d'aujourd'hui à classer une œuvre d'art, hormis
d'après ce que chacun croit être son propre goût. La
hiérarchie des valeurs est renversée ; ou plutôt, le
sens des valeurs est tenu en méfiance, traité de
rétrograde. Au fait, n'est-il pas aboli? Pourtant,

jamais l'intelligence de la jeunesse n'aura semblé plus vive. Jamais les questions d'art n'auront été prises plus au sérieux, discutées plus honnêtement, avec cet amour du Vrai, du Juste, du Beau, qui devraient nous ramener à l'un des points de vue d'Hippolyte Taine. Il n'en est rien, cependant. Comment s'ensuit-il que toute conversation tourne à l'aigre (si l'un des deux interlocuteurs a permis à l'autre de finir sa démonstration), à l'instant qu'un tiers impartial croit qu'ils vont s'entendre? Soudain, un terme trop vague se prête à une double interprétation. De même, une phrase prend, pour le lecteur d'un article d'art, un sens tout opposé à ce que lui voulait faire contenir l'auteur. Ces confusions n'auraient rien de nouveau en elles-mêmes, elles ne seraient point alarmantes, s'il n'y avait des raisons profondes et multiples d'y apercevoir les signes d'une anarchie générale.

Nous vivons sur des théories, sur un *a priori* sentimental et rationnel, ou bien encore sous le régime de la fantaisie. Mais certaines coteries ressemblent, en matière d'art, aux partis politiques. Leur organisation est la mieux conçue, la plus riche, la seule dont l'action soit efficace, la propagande infatigable. Loin de moi l'intention de m'élever contre ces partis d'avant-garde. Je partage depuis quarante ans les admirations que les plus jeunes affichent pour les

maîtres dont ils se réclament. Leur propre production non seulement m'intéresse, mais souvent
conquiert toute ma sympathie. Il est naturel que la
jeunesse pense comme elle fait. Il y a, à chaque
époque, de grands mouvements dont il faut faire
partie. Mais pourquoi ces jeunes gens veulent-ils
subir le sort des génies contestés, tout en n'acceptant
pas de n'être point, dès leurs débuts, choyés, adulés,
de ne vendre leurs ouvrages au même prix que ceux
des grands morts ? Il y a là contradiction flagrante,
puisque le plus cher de leurs désirs est d'étonner et
de déplaire, comme ont déplu et étonné ces maîtres
qu'ils admirent : signes du génie !

A-t-on remarqué qu'un dessin de M. Dunoyer de
Segonzac se vend, à Paris, en 1926, plus cher qu'une
sépia de Rembrandt ? De même, en Angleterre, une
pointe sèche de Mr. Augustus John. Un Zuloaga a plus
d'amateurs de sujets espagnols qu'un Velasquez. Nous
avons parlé de la copie de Velasquez, aquarelle de
Sargent, qui était montée à un prix qu'eût à peine dépassé l'original. Je choisis, et en grossissant le trait,
des exemples très opposés, parmi des noms depuis
longtemps populaires, pour me faire comprendre
de lecteurs non spécialisés dans les jeunes écoles.
Me fût-il loisible de feuilleter nos catalogues de
ventes publiques récentes, j'en aurais cent de plus
frappants, comme indices des caprices de la mode.

Aussi bien, les fabriques de faux Manet, de faux Degas, de faux Renoir, de tous maîtres dont les œuvres font prime sur le marché, se cachent-elles dans de trop nombreux ateliers. Et l'incompétence, l'ignorance totale du public français, qui convertit en tableaux ou en perles notre papier-monnaie, encouragent les faussaires, la plupart du temps aussi naïfs et maladroits, comme imitateurs, que leurs victimes. Il ne se passe pas de semaine que l'on ne m'envoie, d'un peu partout, des œuvres à authentifier. Or, la plupart portent une attribution fausse, ou sont des forgeries saugrenues.

Un très habile et intelligent impresario des gloires en herbe s'excusait, avec gravité, de ses « lançages » les plus audacieux : « Les profiteurs de la baisse du franc, ce sont nos « poulains ». Les clients spéculent sur leurs toiles ; ces opérations à terme, nous nous engageons à les rendre fructueuses. »

Les progrès du trust de la peinture moderne vaudraient d'être suivis et rapportés chronologiquement. Avant d'en montrer quelques aspects, revenons à l'essai sur Sargent, quoique Sargent n'ait rien à voir en cette histoire très parisienne, esquissée dans *Les Intermédiaires*. J'indiquai alors six paliers, correspondant à des dates importantes, dans l'évolution sans exemple du goût en peinture. Mais ce sixième tome de mes *Cahiers d'un Artiste* fut écrit pendant la

7

guerre, en fonction de la guerre, quand se modelaient les traits d'une civilisation en gésine. L'intermédiaire commençait d'en être le tyran. L'inspiration de génie fut de donner à une classe de tableaux modernes une cote, en promettant à l'acquéreur un bénéfice s'il revendait plus tard sa collection. Auparavant, les objets d'art ne valaient que ce qu'en demandait le marchand, ce que consentait à payer l'acheteur.

Mettons à part les portraits. Ils sont commandés, sauf rares exceptions, par le portraicturé ou sa famille, directement au peintre. Les portraits, jusqu'ici, demeuraient dans les familles. La production d'un portraitiste échappe à la griffe de l'intermédiaire, du négociant spéculateur, du vivant du peintre, tout au moins. Et cela pour deux raisons :

1° Le sujet traité, un modèle quelconque, n'intéresse personne. A moins que le signataire de la toile ne soit, par ailleurs, un peintre coté à la Bourse (Renoir, Manet, Degas, Fantin, Ricard), il n'y a pas de marché pour les portraits d'un artiste vivant. Il faut attendre qu'ils acquièrent un autre intérêt : historique ou décoratif.

2° L'art du portrait est battu en brèche par nos esthéticiens et par nos critiques d'avant-garde qui vont clamant que l'appareil photographique répond mieux aux besoins des familles. En Amérique et en Angleterre, pays du portrait, des portraitistes de

deuxième et de troisième ordre amassent des fortunes, on les admire, on les encense, on les apprécie
seuls parmi leurs compétiteurs européens.

L'ignorance — ou le dédain — de notre public
« artiste » a d'autres causes, plus complexes. Les
lettres reçues, où notre « indulgence excessive » à
l'égard de Sargent nous fut reprochée, nous aident
à apercevoir plus clairement un aspect neuf de
l'opinion. Une sorte de mystique, créée il y a de cela
trente ans, est prêchée, entretenue avec une sincère
ferveur, ou par habileté, comme tant de fétichismes
en sociologie. Nous avons connu des Lénine, dictateurs de l'esthétisme et du commerce des œuvres d'art.
Leur autorité se fonde sur un indéniable fait : les
maîtres qu'ils exaltèrent, les ouvrages qu'ils ont défendus, étaient presque tous les meilleurs de leur temps.
Les erreurs commises par ces « initiateurs » du goût
sur leur liste de candidats au titre de « génie créateur », si j'avais l'audace d'en désigner de fâcheuses,
reconnaissons qu'elles ne pouvaient qu'être commises, qu'il fallait même logiquement qu'elles le
fussent, à l'apparition de ces artistes dans le cortège des *Indépendants*. Car la réputation de tout
artiste vivant bénéficie ou pâtit de ce qu'il ait appartenu à un *groupe* : exemple les Mary Cassatt, les
Raffaelli, les Lebourg, et autres comparses des
premiers groupements impressionnistes. Nous serions

disposés à excuser certaines erreurs de jugement,
commises en faveur des uns, au préjudice de certains autres hommes de grand talent; prévoir le
développement d'un jeune peintre exige des con-
naissances techniques très rares, une longue expérience; il faut tenir compte de l'insensible glissement,
auquel nous aurons assisté, d'une trop brillante virtuosité dans le métier vers une *infirmité* qui se cache
sous des noms divers : sincérité, lyrisme, dyna-
misme... Le mauvais goût que les partis de *gauche*
dénonçaient comme étant le lot des partis de *droite* —
Institut, École des Beaux-Arts, Salons officiels, —
cette peinture fade ou trop violente en sa convention,
étaient indéfendables. On fait sentir durement à la
droite sa jobarderie. Ses défenseurs s'aigrissent,
et finissent par s'empaler sur des lances rouillées.
Ils ont donc eu beau jeu, les conducteurs de l'assaut
contre le pseudo-classicisme d'école! Mais voici que
nous assistons à la formation d'un mauvais goût *de
gauche*, avec les mêmes poncifs, la même fadeur
ou violence de convention. Nous n'aurons pas la
cruauté de citer les Bouguereau et les Cabet des
Salons d'avant-garde[1].

1. Des reproductions de leurs toiles, commentées d'un texte
où elles sont rattachées à l'école de Cézanne, n'ont pour légi-
timer leur présence dans nos magazines « d'avant-garde », que
l'innocence de l'esthéticien, qui confond leur laideur préten-
tieuse, leur platitude avec le « caractère ».

Mais lente est la transformation du goût public ; plus exactement, celle des habitudes visuelles de ceux qui regardent des tableaux en s'efforçant de les aimer, non pour ce qu'ils représentent, mais comme œuvres d'art. On dit communément que le public se cultive. Est-ce bien juste ? En tout cas, des notions superficielles se répandent parmi la masse, à mesure que la vraie culture se retranche dans une élite de plus en plus restreinte et spécialisée. Ceux qui ont l'instinct de la vraie distinction, en art, sont un nombre infime. Il semble qu'ils aient, à la longue, imposé leur façon de voir à la foule grégaire, qui d'abord les a suivis à contre-cœur, puis se laissa persuader, et enfin exulte, fière de soutenir des opinions imposées de vive force, comme si elles avaient germé dans sa propre tête. La guerre acheva l'entreprise de démolition et de reconstruction commencée en pleine paix. Aujourd'hui, le nouveau public ignore les valeurs que nous exigions d'une œuvre d'art, comme un enfant d'après la guerre ignore ce qu'était un louis d'or. Matériellement et spirituellement, le « décalage » est de même envergure, attendons une vraie *revalorisation*.

*
* *

Une quantité de mots allaient disparaître, après la guerre, du langage des ateliers de peintres ;

d'autres mots s'y substitueraient, ou bien les anciens vocables changeraient de sens. On parlerait de *plans*, de *rapports*, de *schématisation*, de *synthèse*. Le mot *sentiment*, entre tous, revêtirait une autre couleur. L'image de la *brutalité* et de l'étrangeté obnubilerait celles que l'on s'était faites de la *beauté*.

Un esthéticien renommé m'écrivait récemment : « Vous donnez au « métier » une importance que nous accordons plus volontiers au *tempérament*. Non par l'effet de la littérature cézannienne, mais par conviction que notre époque est de synthèse. Nous aimons le schéma, le rapide, la sensation intense, l'intention suggérée, plus que le précis et le bien conçu; accordons plus de valeur à l'originalité de l'idée transposée en œuvre, qu'à la perfection technique de la traduction. Et nous *n'y pouvons rien*! c'est une fatalité d'époque. »

Ce critique épris de l'intention « suggérée » plus que du précis, est-il utile de le dire, n'est pas un zélateur du cubisme, encore qu'il tienne Picasso pour « le seul grand peintre d'aujourd'hui ». Mais, pour le public, *cubisme*, cette absurde étiquette à toutes fins, recouvre toute la peinture avancée, tandis que le cubisme rigoureux des natures mortes « à la mandoline », de Picasso et du premier groupe cubiste, n'a cessé d'être autre chose qu'une méthode de recherche plastique, presque abandonnée déjà. De ces méthodes rigoureuses, selon nous si utiles aux heures troubles, sont issues d'autres recherches à fins de construction, de composition balancée, de rythme des lignes et de la couleur. La représentation du monde extérieur (qu'interdisaient les théoriciens du cubisme), nous étant dictée par l'instinct, la figuration reconnaissable des objets, du visage humain, des paysages, ne tarda pas de redevenir un des buts des peintres les plus décidés à paraître originaux. M. André Lhote, par ses articles retentissants de la *Nouvelle revue française* et par son rôle de chef d'atelier, depuis la guerre, a influencé une génération. Davidisme, constructivisme, orphisme, lyrisme et *tutti quanti* de ces *ismes*, aboutissent à : 1° un néo-académisme, qui veut être un classicisme; 2° un néo-romantisme où nous serions heureux de reconnaître la griffe de la folie géniale. Que chaque amateur cherche sur les murs du Palais de Bois ce qui répond à ses goûts. Tel marchand vous conseillera de faire vos paris sur un cheval de l'écurie du N. C. C. (Néo-Classicisme-Construction); tel autre sur des écuries à la casaque plus pimpante. Le fin du fin sera de miser sur l'outsider gagnant de la course — gagnant et placé. La rue La Boëtie devient une succursale du pari mutuel. Les passions s'y déchaînent. On se démène, on halète pendant le parcours des compétiteurs. Parfois vous vous trom-

perez, malgré la perfection de votre lorgnette; les
casaques se ressemblent de loin comme gouttes d'eau...
Mais entre jockeys, entraîneurs, propriétaires, entre
cracks, quelle émulation, quelles jalousies !

Dans les ateliers et cafés d'art, se préparent les
scissions, les querelles d'écoles, la fragmentation des
« groupes ». Et qu'est-ce qui sort de tout cela ? Les
derniers Salons des Indépendants ont marqué un
mouvement rétrograde — une confusion, une inquiétude générale sous un semblant d'uniformité — et
cette uniformité lassante prend son origine dans
une universelle déscience de la *technique*. Nous
touchons ici le point névralgique.

La floraison d'enfants précoces, doués pour les
arts plastiques, nous étonne, depuis la guerre qui
les a forcés comme des primeurs. Des expositions
réitérées de dessins d'écoliers en font foi. Qui donc
n'a dans sa famille quelque prodige déroutant?
Ces petits ont trop vu d'images modernes avant d'être
aptes à juger en comparant. Leur mémoire se nourrit
de formes et de couleurs simplifiées, assez parentes
de leur propre vision. Le caricatural, l'outré, le
« rapide », le « suggéré », la puérilité, auxquels nos
maîtres d'avant-garde sont voués, rapprochent ces
adultes de nos génies de dix et quinze ans. Les
toiles d'Henri Rousseau (la plupart ne sont que des
faux, nous en connaissons les fabriques), les frai-

cheurs charmantes du vrai naïf que fut « le douanier » font penser aux essais de nos collégiens, un public à la fois trop et pas assez cultivé. Mais l'enfance, par l'éducation visuelle qu'elle reçoit de toutes parts, n'est plus candide du tout ; elle n'a pas le libre choix, vivant dans une atmosphère d'art sophistiqué, où la naïveté authentique deviendra de la banale artisterie. La place nous manque pour insister sur ce renversement symptomatique des valeurs et du goût des amateurs. Quel esthéticien semble conscient de ce phénomène inouï, dans lequel on trouverait peut-être une excuse aux quotidiennes erreurs de jugement, en toute honnêteté commises, parfois ? « Et nous, qu'y pouvons-nous ? Rien. On ne sait plus ! » Voilà le vrai. Aussi bien, constatons, sans émettre un avis, les effets immédiats d'un état de désordre mental sans précédent — et d'autant plus paradoxal que jamais les âmes juvéniles ne furent plus en quête d'ordre et de clarté.

Un jour, trois hommes de lettres emmènent un peintre, leur ami, visiter les galeries de tableaux, dans une rue où il en est à chaque pas. L'un de ces magasins exposait les ouvrages d'un artiste, imitateur de l'art de son célèbre frère. Les trois hommes de lettres se croient en présence de toiles dues au plus célèbre, car celles du moins connu sont du même style. La dame vendeuse proteste que toutes

les peintures dont elle a charge sont remarquables,
vaudront, d'ici un an, ce que valent les Marie Laurencin, les Vlaminck et les Utrillo, donc les *Royal
Dutch* du marché du jour. Et, comme l'un des visiteurs s'esclaffe en apercevant, sur le tapis cramoisi
de la boutique, des peinturlures qui vont être expé-
diées à l'étranger, l'élégante employée à chevelure
de chérubin s'offense : « Vous riez ? dit-elle. Eh
bien, messieurs, je vais vous ouvrir nos livres. Monsieur X..., le grand industriel du Nord, nous a rendu
cette tête-là le 30 janvier. A lui vendue par nous
en novembre 25 pour cinq cents francs, notre maison
la lui a reprise pour deux mille. Quoi, vous riez
encore ? Tenez, Monsieur Y..., le grand industriel de
Saint-Étienne, l'a acquise pour cinq mille. Les
chiffres sont là. Nos livres, messieurs, ne sont pas
truqués. Londres demande les œuvres · de notre
artiste. D'ailleurs, plus c'est drôle, plus ils en veulent. La princesse M... s'est fait portraicturer par
lui ; ce portrait a eu un immense succès aux
Indépendants. Notre artiste était bistro ; il s'est
mis à peindre comme ça. Eh bien ! messieurs, je
voudrais que vous voyiez sa villa de Nogent... Et son
auto... »

Le hasard me fit rencontrer ensuite, chez un
ancien élève à moi, l'heureux bistro. Il nous conta
fort gentiment son histoire pathétique. Pour avoir

jadis habité sur la Butte, et avoir été apprenti chez
un entrepreneur de décoration commerciale, il
charmait ses dimanches en dessinaillant. Il aperçut
Utrillo, maniant le couteau à palette devant l'église
du Sacré-Cœur, et se mit à faire de même. Un
groupe de marchands de couleurs lui donna des tubes,
lui commanda l'exécution d'une série de « toiles
d'avant-garde ». D'abord une, puis deux, puis six,
furent glissées dans des ventes, « soutenues » par
ces messieurs. Elles ont excellente cote aujourd'hui.
Les élucubrations d'un autre bistro seront lancées,
quand celles du premier auront été badigeonnées
de céruse, pour que des débutants repeignent dessus.
« Ainsi va toute chair. » Les « combines » d'intermédiaires seraient-elles plus délicates à réussir que la
transformation des étalages de la rue de La Boëtie,
et du goût ? Le même public contemple, avec conviction, les ombres marron d'un nu par Derain, qui
se régalait naguère des nuques blondes, des poi-
trines de nacre « pastellisées » par Albert Besnard.
Resterait une décision peu risquée à prendre :
mettre sur les cadres exposés dans l'étalage le prix
marqué en chiffres connus. Ou bien encore, afficher
un fac-similé du livre de comptes.

La vendeuse avait été aussi véridique que les
livres de ses patrons sont, dit-elle, exacts. Des
« recoupements » ne me laissèrent aucun doute. La

même semaine, un Meissonier était vendu 30 francs
à l'Hôtel des Ventes[1].

Mais qui s'étonnera de ces renversements ? Nous
avons les oreilles rebattues de la hausse des prix
dans le domaine de la pure peinture. Un Manet, un
Renoir, un Cézanne, quand cinq zéros s'alignent
dans le chiffre atteint par la « pièce classée », les
journaux l'annoncent en première page, donnent la
reproduction du chef-d'œuvre. Effet énorme sur le
public. Mais, traduisez en francs-or d'avant-guerre
le chiffre aux cinq zéros, comparez avec les chiffres
d'estimation établis par les experts, il y a de cela
quinze ans — et vous devrez vous avouer que la
valeur commerciale de ces tableaux, quand elle n'a
pas beaucoup diminué (et c'est le plus habituel), est
demeurée stationnaire. Il est un « plafond », comme
on dit en matière de finance, qui ne peut être
dépassé, semble-t-il. L'adresse consisterait donc,
pour le spéculateur, à « réaliser » à temps. Un
risque couru par les hauts barons du négoce, c'est de
trop exhiber une *pièce* exceptionnelle. Il ne faut pas,
comme on dit, la « brûler ». Certain coup de tam-
tam formidablement donné, à l'occasion d'un chef-
d'œuvre qu'avait fait rentrer en France un de ces
messieurs, a réduit celui-ci à remettre en cave cet

1. Un *Liseur* de Meissonier vient d'être vendu 180.000 francs
en Angleterre. Jeu de bascule !

oublié trop exposé. Il sied aux « chefs-d'œuvre à
vendre » de se dissimuler derrière de lourds
rideaux ; l'art du vendeur consiste à exaspérer
l'attente du client. Le dernier cri, on le sait, des
antiquaires à l'américaine, c'est de faire de leur
palace de vente une sorte de maison close, où les
clients ne doivent jamais se rencontrer ni pouvoir se
communiquer leurs impressions. Silence et discré-
tion ; tapis moelleux, éclats de lumière électrique,
ténèbres subites.

* *

Il y a longtemps qu'un premier cri d'alarme fut
poussé dans des milieux artistes : « On ne se com-
prend plus ! » Chacun parle une langue à lui, tous
croient user de la même, mais il n'en est rien. Degas
disait : « On devrait brûler tous les livres d'art,
couper la main des critiques, et ne plus parler d'art
pendant cent ans ! »

Entre tant de lettres reçues à propos de mon essai
sur Sargent, une me fut adressée par un jeune jour-
naliste qui avait reproduit des extraits de mon texte,
entourés d'une glose fort aimable, quoiqu'elle en
travestît l'intention : « Je vois avec plaisir que
« nous sommes du même avis sur la qualité pictu-
« rale des ouvrages de Sargent — et je reste persuadé
« que sinon cent, du moins plus de vingt jeunes

« peintres, ont plus de talent que Sargent. Par
« contre, je ne partage pas votre opinion quand vous
« me dites : *une étude de Corot ne serait pas
« remarquée au Salon des Indépendants.* Non !
« Précisément, elle serait tirée hors de pair, car si
« tout le monde fait aujourd'hui de la peinture, tout
« le monde s'y intéresse, et il est presque impossible
« que le moindre talent reste longtemps méconnu[1].
« Les mœurs actuelles, parfois déplorables, ont leurs
« avantages, de bons côtés.

« Vous me signalez qu'en littérature, qu'en
« musique, — dans tous les arts, — la perfection
« de la technique, la connaissance du métier étaient
« la pierre d'achoppement, le premier souci, et
« le seul critère, — alors qu'en peinture la tech-
« nique ne compte plus pour nous. *L'écriture ?* Les
« membres du Grammaire-Club sont des pions,
« leurs préoccupations nous laissent froids[2]. Balzac,
« Stendhal, écrivent mal, Mac Orlan écrit mal[3]. Est-
« ce que cela les diminue ? De même en peinture,
« nous mettons sur le même plan (ou presque)[4],
« Picasso, Matisse, Rouault, Dufy, Vlaminck, quels
« que soient les moyens dont ils se servent — mais

1. Malheureusement, c'est inexact.
2. Et André Gide, et Valéry ?
3. Pas si mal que ça.
4. Pas nous.

« ce sont là des questions trop complexes pour être
« traitées en quelques lignes... »

Quelles affirmations gratuites, quelle confusion,
quel désordre d'esprit dans les exemples... Et, toujours, une farandole de noms que l'on croirait pris
au hasard. Mais quoi ? Est-ce que des volumes
entiers, dus à nos maîtres esthéticiens, philosophes,
élucideraient ce sujet ? Et ne serait-ce pas l'esca-
moter, ou volontairement passer à côté, que de sou-
pirer : « Qu'y pouvons-nous ? » Un tel renoncement
aveulit la critique des journaux d'art, endort les
peintres qu'elle loue, dans la coite illusion qu'ils
s'expriment et réalisent leurs nobles intentions. Si
la qualité de la matière n'a pas, en elle-même,
certaine solidité, qui lui assure la durée, certaine
beauté intrinsèque de pâte, de surface, qu'ont tous
les beaux objets d'art, comment se classe alors la
peinture à l'huile, dans l'ordre des moyens d'expression plastique ? Au-dessous des textiles, de la poterie,
de l'imprimerie, de la ferronnerie, etc. ? Incontesta-
blement, l'ancienne technique des écoles dont nous
révérons les maîtres n'est plus applicable ; notre
vision moderne demande une autre technique, mais
qui ne soit pas l'*à peu près*, le bâclé, le griffonné,
l'abréviatif à quoi des peintres charmants se sont
trop complus. On la cherche, cette langue solide
perdue, elle n'est point retrouvée encore. Il est mille

façons d'écrire et de peindre. S'agit-il donc d'écrire
grammaticalement bien pour faire œuvre classique ?
Non, certes !

Renvoyons nos lecteurs au *Rappel à l'Ordre* de Jean
Cocteau, prestigieux dévideur de fils embrouillés —
et nous songeons plus spécialement à ses notes sur
Picasso. Le cas de Picasso, s'il domine toute la
production moderne, l'homme Picasso est une anomalie et une exception. Cet Oriental, capable de se
manifester de tant de manières, grâce à son intelligence et à ses doigts de fée, qu'on ne le range pas
avec les peintres à la mode, qui réussissent, dans
un domaine très étroit, à exécuter de petits tours de
passe-passe, infatigablement répétés. S'il y a vingt
jeunes peintres ayant plus de talent que Sargent
(selon mon correspondant), on peut désirer à la plupart de ceux qu'il mentionne une qualité de peinture, un « tempérament » plus authentiques, un
sens plus traditionnel de leur métier que n'eut Sargent... Il y aurait à dire, pour la défense de Sargent
portraitiste, qu'il s'attaquait à des problèmes plus
ardus que ceux où se jouent les paysagistes et les
figuristes de l'avant-garde. Leur succès repose
presque toujours sur un accord heureux, inattendu,
de trois tons, qui subissent à peine quelques modulations, répétées de toile en toile. Et quant à la
ligne, ne sont-ils pas libres de la déformer selon

leur caprice ? « La mise en place n'est pas le dessin. »
Mais la déformation n'est pas le dessin non plus, ni
le style. Chez Ingres elle obéit à un rythme de
beauté, elle est *invention*. Ce qu'aujourd'hui l'on
appelle « l'invention », n'est-ce pas, plutôt que la
marque si rare du génie, une première rencontre
fortuite, un bonheur de palette, ensuite raisonnés et
habilement exploités en vue de cette fabrication *en
série*, semblable à celle des vêtements ou des auto-
mobiles ?

Le lecteur de tout article exige que le signataire
apporte une conclusion. Seul pourrait en tirer une,
des faits exposés ici, le « partisan », plutôt que l'observateur. Le haïssable « qu'y pouvons-nous ? » devient,
hélas, une règle de trop sage expectative, à une
époque de hâte frénétique où, le lendemain, un
souffle venu l'on ne sait d'où balaye les croyances
qui, la veille, semblaient se concrétiser en faits.

Chacun de nous peut prendre une attitude, selon
ses aspirations, en face de l'Art moderne. Braver
l'opinion, l'ignorer, croire en soi ; vivre seul avec
ses convictions ? Cette dernière attitude est peut-être
la plus noble. Nous ne la recommandons pas à l'artiste, car un solitaire risque de mourir de faim,
aujourd'hui. En dehors du commerce et de la finance,
soumis à des forces qui conditionnent toutes les activités de notre civilisation, il y aurait le mysticisme

des sombres *surréalistes*, ci-devant *dadaïstes*, romantiques révolutionnaires de la saignée universelle. Il y aurait aussi le mysticisme chrétien des néo-thomistes. M. Jacques Maritain, qui est fort d'avant-garde et très proche de Dieu, écrit : « L'art reflète les mœurs et leur renvoie centuplé ce qu'il a reçu d'elles. Il exalte la corruption des âges corrompus. Mais un moment arrive où, à force de s'isoler de ce qui fait la plus haute vie de l'homme, lui-même périt d'inanition. »

Si cet âge est corrompu, comme on incline à le croire en considérant le commerce qui se fait des œuvres d'art, tout de même s'élève vers le Ciel une ferveur toute nouvelle, dont l'immense production fiévreuse des peintres est peut-être une des sources. Que tant de prières naïves soient entendues Là-haut !

SOUVENIRS SUR HELLEU
ET LE MONDE DE SA JEUNESSE[1]

Voici ce que nous lisons, à la fin du livre du comte Robert de Montesquiou sur son artiste d'élection :

— Que voulez-vous que je dise de vous, Helleu? lui demandai-je, ayant à écrire sur son propos un article, un jour.

— Dites qu'à l'École des beaux-arts, quand j'avais quinze ans, j'étais le seul à aimer Manet et Monet, et que j'avais, pour cela, soixante camarades clabaudant à mes trousses. Maintenant ils peignent tous violet, et moi pas!

Montesquiou ajoute : *Et ne sera-ce pas un bel éloge si l'on dit de lui, si l'on grave sur son marbre : homme d'un seul Dieu : l'art; d'un seul maître : le goût; d'une seule femme : le charmant modèle qui prête la vie élégante de son corps à*

1. *La Revue hebdomadaire.*

toutes ses compositions, ne pouvant faire un mouve-
ment qui ne soit de grâce et d'élégance et que, dix
fois par jour, le peintre s'essaie à surprendre... la
multiforme Alice dont la rose chevelure illumine de
son reflet tant de miroirs de cuivre ? [1]

Helleu, plutôt que paysagiste, demeura surtout,
ainsi que l'avaient vu Goncourt et les mondaines
intellectuelles, l'auteur *de pastels où l'on sent un*
œil de peintre, amoureux de douces étoffes, de
tendres nuances passées, de soieries harmonieuse-
ment déteintes.

Donnons aussi, comme épigraphe aux souvenirs
qui vont suivre, d'autres morceaux typiques de la
prose ampoulée qu'inspira Helleu, prince de la mode,
à Edmond de Goncourt, à Octave Mirbeau. Et nous
pourrions citer de non moindres littérateurs qui lui
dédièrent de véritables hymnes d'amour. Voici un
échantillon des envolées lyriques que Helleu,
peintre de Versailles, inspire à Mirbeau :

Le bassin aux eaux profondes et bronzées, habité
par tant de sourds reflets... la ronce et le cuivre vif
des feuillages qui l'entourent... analyse de quoi est
faite cette eau, de quoi sont faits ces glorieux feuil-
lages... et tu admireras la conscience et aussi la

---

1. Alice, M⁻ᵉ Helleu, aura été pendant vingt ans l'archétype de
la Parisienne, comme plus tard le seraient les femmes de Van
Dongen.

vision de cet artiste passionné. Oui, il faut aimer cet homme-là, il est bien de chez nous...

Et encore, du même :

La cathédrale de Reims, sereine, pacifique ; les piliers montent comme des prières ; les architraves dessinent des courbes, des arcs solennels ; un grand silence religieux emplit la baie déserte, et la rosace, au fond du chœur, s'épanouit doucement...

En son délire, Mirbeau place donc la rosace dans l'abside ? Nous croyions que cette rosace, orange et bleue, était au-dessus du porche...

Goncourt raconte quelque part dans son *Journal :* CHEZ LA PRINCESSE MATHILDE — *A la fin de la soirée, arrive Helleu, qui a passé toute la journée à peindre, par ce froid, les statues de Versailles, à demi ensevelies sous la neige, parlant de la beauté du spectacle et du caractère de ce monde polaire. Et sur la passion de la peinture d'après des vitraux, il me confesse avoir ce goût, et avoir travaillé à Chartres, à Reims et à Notre-Dame, qu'il a habitée, la matinée, presque deux années, visitant tous les coins et recoins des tours, au milieu de ces anges suspendus dans le ciel, ayant presque des mouvements de corps pour se retenir et ne pas tomber en bas*[1]. *Et il nous parle d'une fête où peignant au milieu des*

---

1. Helleu, ou les anges ? Mystère !

*chants, des roulements de l'orgue, au son des cloches
en branle, il donnait des coups de pinceau sur la
toile, à la façon d'un chef d'orchestre, complètement affolé.*

La physionomie, l'éloquence entraînante, fanatique et demesurée du sensuel artiste, rien ne les
suggérerait davantage à qui ne l'a pas connu, que cette
dernière phrase de Goncourt — sur-redondante
comme un pastiche de Proust.

Elle évoque encore mieux, peut-être, ces milieux
d'où le peintre émergea soudain, comme un de ces
noirs iris si à la mode alors, qui *ressemblent à des
orchidées géantes.* Le pauvre Helleu aura vu disparaître de son vivant ces Aristarques du « goût » dont
l' « écriture artiste » est devenue aussi vieillotte et
cocasse que paraît sans doute aux jeunes gens
d'aujourd'hui l'art d'Helleu, de La Gandara et con-
sorts, grands « espoirs » de la Société nationale du
Champ-de-Mars.

Mais au cours de récentes promenades au Louvre,
notamment dans les salles des collections Chauchard
et Thomy-Thiéry, j'ai constaté l'indifférence que
marquaient les visiteurs à une notable partie de la
peinture du dix-neuvième siècle. J'ose à peine citer
les noms fameux qui ont perdu l'audience du public.
Faudrait-il inscrire sur les portes de ces nécropoles
que sont les musées : *Tout passe, tout casse,*

tout lasse, ou encore le *Lasciate ogni speranza*, de
Dante ?

Valéry a dit : *Le sort fatal de la plupart de nos
ouvrages est de se faire imperceptibles ou étranges.
Les vivants successifs les ressentent de moins en
moins, ou les considèrent de plus en plus comme
les produits ingénus ou inconcevables d'une espèce
d'hommes. Entre la plénitude de la vie et la mort
définitive des œuvres matériellement conservées,
s'écoule un temps qui en assure la dégradation
insensible, qui les altère par degrés. Elles s'affai-
blissent sans remède, et non point d'abord dans leur
substance même, car elle est faite d'un langage qui
demeure intelligible encore et encore usité ; mais,
comme il sied dans l'ordre de l'esprit, elles voient
s'évanouir l'une après l'autre toutes leurs chances
de plaire, et choir tous les supports de leur existence.*

Au Louvre, nous partageons la morbide humeur
que montre Valéry : *Parfois la mode, qui cherche
toujours et de toutes parts de quoi nourrir son lendemain, rencontre quelque nouveauté dans les
sépulcres. Pour un peu de temps, elle les entr'ouvre,
y puise et passe. Mais ce désir trompeur n'a fait
que défigurer un peu plus le triste objet de son
inquiétude.*

L'œuvre d'art, soudain, *perd ses rapports avec
l'homme.*

Tels peintres actuellement en vogue réincarnent le
Helleu de Longchamp et de Deauville, puisent dans
ses œuvres, qu'ils feignent d'oublier, assaisonnent
ses légères fantaisies des piments rouges et des
sauces poivrées d'après-guerre. Si les « initiateurs »
sont les peintres qui ont le plus de chances de durer,
Helleu devrait compter parmi ceux dont le nom
grandit après leur mort. Or, il semble qu'il en aille
tout autrement pour lui.

*
* *

Quand j'étais élève d'Henri Gervex, alors étoile de
la jeune peinture française, il peignait *Retour du bal*
et un portrait d'Alfred Stevens inspiré du *Bon bock*.
Un marchand de la Chaussée-d'Antin exposait en
secret son scandaleux, « indécent » *Rolla*, refusé par le
jury du Salon. Le Salon officiel était donc alors un
conservatoire des bonnes mœurs, où le « nu
moderne », c'est-à-dire une figure de femme sur un
lit, dans une chambre non stylisée, offenserait la
pudeur du public? La « hardiesse » du pinceau de
Gervex, sa qualification de « réaliste mondain », ses
bruyantes liaisons féminines et son esprit parisien le
désignaient à l'attention de la jeunesse. Chaque
après-midi, journalistes, littérateurs, d'élégantes
« hétaïres » envahissaient l'un des deux ateliers de la

rue de Rome, celui où je ne me livrais pas à l'étude
de l'anatomie d'après ses modèles... Mais les visiteurs du patron devaient passer près de mon chevalet
pour se rendre dans la pièce voisine, où Gervex
montrait ses ouvrages à ses admirateurs ; j'ouvrais la
porte quand ils sonnaient, trop souvent à mon gré,
quoique j'eusse quelques compensations. Ainsi
connus-je Stevens, Boldini, Forain, Lautrec et Paul
Helleu, qui suivait ceux-ci comme leur ombre. Un
grand garçon, mince, tout noir, avec le chapeau
melon sur une tête d'Assyrien, en complet-uniforme
de serge noire. Une cravate-plastron remplaçait la
chemise ou en bouchait les trous. Le seul luxe, plus
que modeste, de ce dandy à la bourse plate, consistait
en une canne d'ébène à pomme d'argent, cadeau
d'une de ces quelques demi-mondaines pour membres
du Jockey, avec lesquelles Marcel Proust composa le
type d'Odette Swann. La plus intelligente et la plus
« femme du monde » était, avec Fanny Signoret, la
charmante Laure Heymann, amie de Paul Bourget
et de quelques gens de lettres. Helleu, comme
Forain, s'il ne dînait pas en ville, mangeait dans une
crémerie avant d'aller dessiner au théâtre, au café-
concert. Muni de crayons, on l'apercevait à l'Éden,
au Cirque d'été, croquant des silhouettes, dessinant,
dessinant sans relâche sur des feuilles d'un cahier
qu'il tenait dans son chapeau. Les ouvreuses le

couvraient de leur protection ; il était populaire
auprès des cercleux, des hommes de sport et de
finance, qui se prêtaient comme modèles à Helleu,
déjà une sorte de Sem. Au pesage des courses, au
Weber's, chez Ledoyen, au vernissage du Palais des
Champs-Élysées, on le hélait, on l'entourait, on le
fêtait ; avant même que l'on découvrît l'artiste qu'il
était, son individualité avait conquis un prestige sin-
gulier.

Que savait de lui le public, alors ?

Avec des photographies de *professional beauties*,
des images de magazines anglais, il avait déjà fourni
au céramiste Deck, pendant une dizaine d'années,
ces plaques-médaillons qui s'étalaient à la devanture
d'une des boutiques achalandées de la rue Halévy.
Nous, nous savions qu'il faisait poser la Marie Renard
de Manet et de Berthe Morisot, et cette étrange fille
tuberculeuse et névropathe, Olympia, qui tenait son
ménage, partageait les plaisirs et les désespoirs d'un
perpétuel malcontent de soi-même, reprisait les
chaussettes de soie, lavait les poignets et les manches
maculés de couleur par les longs doigts osseux de
Helleu. Et il ne vendait rien. Que de labeur désintéressé ! pensait Olympia.

Une fois, le jury accepte une toile de lui : c'est
La gare et le tunnel des Batignolles, morceau d'une
harmonie gris chauve-souris que signale J.-K. Huys-

mans à l'attention des critiques d'avant-garde. Helleu déteste l'exotisme ; il refuse de voyager en Italie avec un ami qui l'y invite. A tout, il préfère notre paysage urbain, les environs de Paris, la mer normande, la « nature morte moderne ». Voici une série de bouquets de fleurs, que Duez montre à Goncourt qui les déclare « d'une exquise rareté de ton ». Quelques amateurs implorent le peintre de ne plus effacer, sitôt finies, des toiles qu'il recouvre d'autres études : oiseaux du Jardin d'acclimatation, hortensias fanés, bateaux à voiles, que Claude Monet dut parfois lui arracher. Personne n'aura vidé autant de tubes géants de blanc, de laque de garance rose, ni usé autant de grattoirs. Selon nous, jeunes rapins, ses cadets, il était le plus habile, le mieux doué ; Manet, Monet, Renoir, le croyaient comme nous. De surcroît, il nous semblait aussi intelligent que spirituel ; nous étions subjugués par une sorte d'éréthisme verbal qu'il avait, fait d'enthousiasme et de mépris ; la sûreté de son jugement en art nous attachait à ce fanatique de la peinture. Quelles bassesses n'eussions-nous pas commises pour regarder ses études à l'huile dans ce mystérieux logement du boulevard Pereire, où personne ne pénétrait à part ces rousses à la peau verte, maîtresses et esclaves, qui disaient : « Si vous saviez ce qu'il y a *là-dedans !* c'est du génie ! À un type comme ça, on ne peut rien refuser... »

L'idéal de Helleu, ses ambitions très nobles, sa
morgue orgueilleuse et dénigrante n'étaient pas
encore si justifiés par ses œuvres, que sa cruauté
envers ses confrères ne le rendît intolérable à d'anciens élèves de J.-L. Gérôme, certains médaillés,
décorés ; ses amis à l'École des beaux-arts avaient
été bons pour lui. Il les raillait. Néanmoins, ils lui par-
donnaient ses mots cruels et comiques, si fort était
son ascendant. « Son charme tout à fait féminin,
disait encore de lui Goncourt, est comparable au
musqué endentellé des grands félins du xviii° siècle. »
Original, ingénieux, stimulant, il créait cependant
pour nous autres une atmosphère d'émulation. Les
miens et moi-même avions de telles faiblesses à son
endroit, que ses caprices et sa condescendance magis-
trale lui étaient pardonnés. Il était si gentil !.

Je me console mal d'avoir égaré la moitié d'une
lettre pathétique qu'il m'adressa peu de temps avant
de mourir, au sujet d'une exposition prochaine, à
Londres, de ses marines et paysages de Versailles. En
me demandant de lui prêter plusieurs toiles que je
tenais de sa générosité (la plupart déjà confiées au
musée de Rouen, M. Lapauze les ayant refusées
pour le Petit Palais), il ajoutait : « Si elles n'ont
pas été au poêle ou à la mer, c'est grâce à vous, mon
vieil ami. Vous me poussiez à montrer mes tableaux.
Trop d'orgueil, et la conscience de l'inutilité de se

produire, de nos jours, m'ont empêché d'exposer. Maintenant, devenu un barbon solitaire, il me semble qu'il y a de bonnes choses dans ce que j'ai peint à l'huile. Sait-on ce que l'on vaut? Nous avons en tout cas bien aimé la peinture; et comme nous bûchions, comme nous l'aurons prise au sérieux! Vous vous êtes mépris quant à mon jugement sur votre peinture. Si je vous ai fait de la peine autrefois, rappelez-vous que j'étais plus dur pour moi que pour les autres... »

Il l'était cruellement, en vérité, et parfois d'une façon déconcertante. Mais au sujet de Manet, de Claude Monet et d'Alfred Stevens, il ne se contenait plus, s'écriant qu'il voudrait « manger les couleurs de leur palette », faisant claquer sa langue en gourmet qu'il était, ainsi que Claude Debussy. Ces deux amis de ma jeunesse avaient bien des ressemblances, parmi lesquelles leur épicurisme, leur cynisme en tout ce qui ne touchait pas à l'art, leur raffinement; et ce total dénûment de culture intellectuelle que palliait leur sens infaillible de la qualité.

Cette lettre de plusieurs grandes pages, Helleu, qui avait des élans de tendresse en se ressouvenant du passé, ne l'aurait pas écrite de la même plume, à l'époque où nous nous sommes liés. Il hésitait à répondre à quelqu'un qui l'intimidait, par crainte de faire des fautes. Il regrettait de n'avoir pas poursuivi ses classes, lui le neveu de M. Helleu, un excellent professeur de grammaire à Condorcet. « J'aurais dû être matelot », disait-il. « Mais je n'aime que Paris ; les voyages m'assomment ! Je suis une brute civilisée par la peinture. »

Né à Sarzeau (Côtes-du-Nord), notre Breton au type oriental était fils d'un capitaine au long cours. On se le fût mieux représenté avec le col bleu et le béret à pompon rouge de nos mathurins, qu'en sa tenue de plage balnéaire, le chapeau canotier sur la tête, ou plus tard en costume de yachtsman, à Cowes. La casquette plate du Royal Squadron s'accordait drôlement avec son visage jaune, maigre et poilu, de Scaramouche. Longtemps avant qu'il naviguât sur son propre yacht, *l'Étoile*, sa peau semblait bronzée par l'embrun et les vents du large. Un fonds de distinction, son élégance native et sa rudesse plébéienne s'harmonisaient tout de même, dans la fougue de sa parole pittoresque, la mimique quasi napolitaine de ses gestes. Il ne nous avait jamais avoué son âge ; mais il prétendait que nous nous « rajeunissions » comme lui, honteux de ses rides et de ses cheveux gris, « dégoûté par la décrépitude ».

La répétition est un des plus sûrs moyens de persuader ; les orateurs, les chroniqueurs politiques le savent. Sans calcul, Helleu abusait d'elle. A force de l'entendre parler du dessin, louer celui d'Ingres et

de Watteau, parler de la peinture « qui fait du bien
à la santé » et de celle « qui fait du mal à la santé »,
l'on se persuadait : « Quel dessinateur, quel artiste,
ce Helleu ». L'argent, métal qui reflète en toute
leur pureté les couleurs, devenait pour lui un symbole ; il s'y référait infatigablement, comparant tout
à « un service à thé », eau, ciel, fleurs, carnation
des femmes. Une toile impressionniste était « en
argent » ; un effet atmosphérique amenait fatale-
ment, dans sa bouche, une comparaison avec des
étalages d'orfèvres, les vitrines de ce Leuchars, de
ce Jones, qui introduisaient en France un style, ou
plutôt l' « absence de style », les surfaces nues,
soigneusement polies. Une autre comparaison à
multiples fins était dérivée des yachts, des voiles
de navires et de leurs mâtures ; et son type idéal
de la beauté aura été le visage impassible de la
princesse de Galles, Alexandra : « Pas d'expression, un miroir d'argent, une pivoine double du
Japon. »

Une de ses premières commandes avait été le portrait d'une enfant de quinze ans, lady Montagu, fille de
la duchesse de Manchester, *« mondaine Iphigénie, en
sa tunique blanche retenue par des rubans de satin
noir, gracieux et grave visage en proie aux atteintes
d'un mal qui fauchait ce modèle en fleur, peu de
mois après les rapides séances qui nous en lèguent*

le candide souvenir [1] ». Ensuite, la duchesse de Marlborough, née Vanderbilt, deviendrait un de ses modèles « *qui associeraient leur prestige* » à celui de Helleu de l'autre côté de la Manche et de l'Océan. En attendant la célébrité transatlantique (Helleu est l'auteur d'un plafond, *Le Zodiaque*, qui décore une grande gare de New-York), les jeunes femmes de la bourgeoisie qu'il suivait au bois de Boulogne, qu'il persécutait de ses sensuelles flatteries pour qu'elles posassent, s'entendaient dire qu'elles « ressemblaient à Alexandra, princesse de Galles », qu'elles étaient « dessinées comme un joli canoë ». On riait ; mais on prenait rendez-vous. Quelle beauté altière, si décidée qu'elle se crût à ne pas répondre, n'eût tôt ou tard cédé au désir d'être représentée en « royalty » ? La crise du *chic anglais* était à son paroxysme. A Paris, la belle Mme Standish, née des Cars, amie de la princesse de Galles dont elle copiait le style, l'élégance un peu raide, était, elle aussi, imitée par les dames du « gratin » et par les sociétaires de la Comédie-Française. Fanny Signoret, Liane de Pougy, Lucy Gérard, Laure Heymann, ces reines du demi-monde, attestaient leur anglomanie par la sobriété de leur parure, par leur démarche et le port de leur tête aux cheveux

1. R. de Montesquiou, *Helleu peintre et graveur.* H. Floury, 1913.

tirés vers les tempes, une « frange » mousseuse sur le front, et même un accent assez ridicule, quand elles baragouinaient l'anglais avec les hommes.

Entre l'atelier de Forain, en haut du faubourg Saint-Honoré, et celui de Boldini, place Pigalle, Helleu avait encore quelques occasions de courtiser des demoiselles « copurchic », filles de négociants cossus, fières de recevoir chez elles les peintres de « mondanités », habitués de l'avenue du Bois de Boulogne à l'heure dite « de la plage », et du salon de Mme Robert de Bonnières. Les *Demi-vierges* de Marcel Prévost, l'*Yvette* de Guy de Maupassant, donneraient à un Parisien d'aujourd'hui une idée de ce que furent les milieux roturiers, conventionnels et pourtant louches, où nous étions quelques-uns à recruter des modèles. Depuis la guerre de 1914, les mères laissent leurs enfants sortir seules, flirter à leur aise, recevoir chez elles des « gigolos », sans craindre les suites de ce gentil commerce. Point autrefois, et nos petites camarades imprudentes ne faisaient de rares exceptions qu'en faveur des amis de leurs frères...

Quelques peintres auront assisté, entre 1880 et 1890, à la formation de colonies étrangères et d'une société bâtarde de Français, jouisseurs élégants, en marge de toutes nos classes sociales ; et ces nouveaux venus préfiguraient le public des théâtres et des dancings d'aujourd'hui, où nous renonçons à repérer la provenance de ceux qui y brillent par le luxe de leurs joyaux, remonteront tout à l'heure dans leur Rolls-Royce. La surprise fut grande pour ceux d'entre nous qui n'étaient jamais dépaysés dans les lieux publics ; les mailles d'un « filet invisible » nous emprisonnaient, l'on se sentait tous d'une même famille, pouvant dire avec justesse : « Comme le monde est petit », puisque l'on finissait infailliblement par se rejoindre les uns et les autres. Mais nos petites camarades, nos si charmants modèles, rencontrés dans les avenues du Bois, chez Gagé, au *skating rink*, nous aurions été en peine de dire ce que leurs pères fabriquaient ou vendaient, qui payait leurs toilettes. Un soir, Helleu dut s'enfuir par un escalier de service, tandis que le commissaire de police fouillait dans les papiers du soi-disant banquier X... dont nous mangions les dîners exquis, ou les ratatouilles cuisinées par la concierge, quand il était « à la côte ».

Vers 1885, autour de l'Arc de Triomphe, dans le quartier neuf de la plaine Monceau, des Sud-Américains, des familles israélites, fascinés par les gens du bel air et qui en copiaient les usages, comprirent qu'il fallait donner des « réceptions amusantes ». On commença par attirer des artistes. Ce fut une rage. John Sargent à ses débuts, Boldini, Forain,

Helleu, puis James Tissot, furent les favoris de femmes aimables, riches et désœuvrées, en proie au nouveau snobisme de la peinture, de la musique et des lettres. L'art de Helleu, peintre de portraits au pastel, naquit dans les salons dont Bourget était le littérateur, dont les symbolistes furent les poètes, Jean Lorrain le chroniqueur, Colette et Willy les vedettes.

Parallèlement, nous situerons le Helleu d'alors comme connaisseur en antiquités, fureteur à l'Hôtel des Ventes. Il avait acquis le titre incontesté d'expert dans ces milieux cosmopolites très riches, que des antiquaires et des hommes du monde, comme le marquis de Biron, Saint-Maurice, Charles Haas (Swann) initiaient aux styles anciens et à la peinture moderne. Charles Éphrussi, directeur-propriétaire de la *Gazette des Beaux-Arts*, fut le courageux défenseur, l'introducteur dans le monde de quelques artistes et littérateurs qu'il aimait et qu'il imposa peu à peu. Jules Laforgue collaborait au bulletin de la *Gazette*. Helleu, Laforgue, Éphrussi et moi, parfois courions les petits marchands de tableaux, à Montmartre, qui vendaient pour quelques francs des Manet, des Cézanne. On encadra ceux-ci de vieilles moulures de bois doré, merveilles dédaignées alors, que Helleu jugea dignes des appartements somptueux où tous les meubles étaient anciens, et en général signés. Helleu

se fit une spécialité, comme collectionneur, des
objets du xviii° siècle, en même temps que M. Jacques Doucet, que M. Groult et autres fameux collectionneurs.

De chez Gervex, qui demeurait rue de Rome,
nous rayonnions alentour, du temps que le parc
Monceau devenait le quartier des princes de la
finance. Le baron Adolphe de Rothschild, les Stern,
les Cahen d'Anvers, les Goldschmidt, les Camondo,
les Gustave Dreyfus, les Bardac, les Porgès, s'étaient
liés avec MM. Paul Bérard, Deudon, Théodore
Duret, avocats de l'impressionnisme. Renoir, poussé
par Bérard et Deudon, se résignait à peindre des
portraits de femmes et d'enfants chez des amis de
Charles Ephrussi, qui commençaient à prôner Degas,
Puvis de Chavannes, Claude Monet, Sisley. Les
portraits de Renoir, on les accrochait d'abord dans
le fumoir; puis ils grimpaient subrepticement dans
la chambre de la gouvernante. Les belles dames
craignaient-elles de prêter leur visage aux fantaisies
du grand coloriste ? Alors Éphrussi les engageait à
prendre Helleu comme interprète de leurs charmes.
Si ce n'était au pastelliste, elles avaient recours au
graveur. Étienne Moreau-Nélaton avait la plus
grande considération pour les pointes sèches et pour
la peinture de son ami.

Les plus jolies pointes sèches de Helleu, inspirées

par ses souvenirs de James Tissot, de Whistler, et
les égalant parfois, décelaient, en outre, une vision
toute française, un je ne sais quoi de gai, de coquet,
de pétillant. Helleu est un oracle en matière d'art,
selon certains convives de la princesse Mathilde,
dont les salons s'ouvraient à toutes catégories de l'ancienne et de la nouvelle société. Edmond de Goncourt
lui décerne le titre de « *notre Watteau* ». Ce titre
sera lourd à porter longtemps, comme cette autre
qualification : « *l'homme de goût* ». Le « goût »
d'un Montesquiou, même celui d'un Goncourt se
livraient à bien des incartades. Helleu y mit ordre,
avec une ironie, des éclats de rire dont ces messieurs
ne surent jamais qu'il était prodigue, derrière leur
dos. Leur japonisme, par exemple, le mettait en
liesse comme la « stylisation » des fleurs de ce Gallé,
de Nancy, qui exécutait des meubles pour le « Chef
des odeurs suaves », et le « goût couturier » de
certains protecteurs des peintres Van Beers, Friant,
Dagnan-Bouveret.

Le jeune portraitiste Helleu, qui n'a pas d'atelier,
préfère transporter son chevalet de maison en
maison. Ainsi pénètre-t-il dans des intérieurs pleins
d'objets rares ; il ne les goûte pas tous, le dit sans
ambages. Avec une véhémence persuasive, il impose
ses admirations exclusives pour l'art français des
xvii⁰ et xviii⁰ siècles, il presse ceux qui l'écoutent

d'acheter des tapisseries d'après Boucher, des
meubles, des bronzes, qu'en ce moment les antiquaires sous-estiment, des bibelots auxquels on
attache moins de prix qu'à ceux du quattrocento italien, de la Renaissance, ou d'époques plus reculées.
Helleu va créer une mode française qui influera,
pendant plus de vingt ans, jusque sur le style des
hôtels particuliers, les jardins, et la disposition de
nos appartements bourgeois. Son goût, en cela,
fait date. Ça va être une révolution chez les antiquaires, chez les marchands de tableaux primitifs.
Les Wildenstein vont se lancer sur les grandes
routes nationales, à la chasse des trésors gardés par
les familles de l'aristocratie dans leurs provinces.
Vieux châteaux, hôtels du faubourg Saint-Germain
délaissés, Helleu pousse les étrangers riches à les
acquérir, à s'y installer. Versailles va devenir un
lieu de pèlerinage ; le palais endormi, ses parterres,
ses bosquets mélancoliques se réveillent, la canne
noire à pomme d'argent de Helleu fait jaillir l'eau
des fontaines oubliées. Les peintres peindront Versailles ; architectes, décorateurs, artisans de toute
espèce, copieront les motifs que leur proposent le
grand et le petit Trianon. Il y aura un gris Trianon, un
bleu Nattier. Nattier, La Tour, Watteau, Fragonard,
petits maîtres oubliés de la salle Lacaze, et vous
statuaires de Louis le Bien-Aimé, votre regain de

gloire est dû à la voix claironnante de Paul Helleu, presque davantage qu'aux livres des Goncourt.

Les gravures d'Helleu, puis ses dessins aux trois crayons compléteront l'ameublement des pièces à petits carreaux, à brise-bise. Boudoirs, salles de bain, cabinets de toilette et garçonnières, dont l'occupant ne peut se payer que des fac-similés, s'égayeront de passe-partout Louis XVI encadrant des originaux signés de *notre Watteau.*

.•.

Mais revenons au salon de la princesse Mathilde. Goncourt n'accorde son patronage définitif au graveur-dessinateur qu'à la suite des triomphes récoltés par le pastelliste. Je l'ai trop de fois rappelé dans des souvenirs d'un temps défunt : les peintres étant moins nombreux, leurs succès étaient plus retentissants.

Celui de Helleu fut foudroyant.

Environ 1888, Helleu, nommé membre de la Société des pastellistes, expose chez Georges Petit cinq ou six panneaux carrés, bordés d'une mince baguette. Ces *pages*, comme on disait alors, ont une saveur toute nouvelle. Entre autres, se font remarquer le portrait ravissant de Mlle de Béchevet et celui d'une autre jolie personne, nièce d'Arthur Meyer.

Elle se détache sur une harpe dorée. Ces deux pastels ont été peints à la lumière du soir, effet dont Albert Besnard, avec son portrait de Mme Jourdain, n'avait pas imposé la hardiesse aux critiques. Chez Helleu, ce n'était pas de ces éclairages trop chatoyants et vulgaires, à la La Touche, qui réussiraient à coup sûr chez Georges Petit, mais une recherche de couleurs délicates, comme d'une Berthe Morisot whistlérienne, nuances d'une subtilité que le pastel n'avait pas encore su rendre. Parmi les Duez, les Gervex, les Jacquet, les Besnard, les Nittis, astres en plein éclat, les grisailles chaudes de Helleu avaient une distinction surprenante, une pointe d'étrangeté, faite pour retenir les amateurs las des formules des Lucien Doucet et des Madeleine Lemaire. Alfred Stevens s'emballa. Albert Wolff, Edmond de Goncourt, Octave Mirbeau, Gustave Geffroy, Charles Morice, voire les critiques d'extrême-gauche, délirèrent. En une journée d'ouverture, Helleu fut « le Whistler de nos nuances modernes », selon le mot de Robert de Montesquiou. Il ne me souvient pas d'avoir assisté, lors d'un vernissage, à semblable manifestation, sauf, peut-être, le triomphe du pauvre Charles Cottet, si vite oublié. Le *Figaro*, le *Gaulois*, le *Temps*, c'est-à-dire Albert Wolff, Octave Mirbeau, Thiébault-Sisson, disposaient alors du sort d'un débutant. Une chronique de Wolff (c'est à peine croyable) était reçue par des centaines d'abonnés, comme l'est une encyclique par des dévotes. Les commandes affluèrent, les collectionneurs en vue achetèrent ce que Helleu consentait à leur vendre. Six mois après, le Breton parisianisé épousait l'adorable Alice aux mèches d'or, que des parents timorés lui avaient refusée jusqu'alors. Qui donc, en terre civilisée, manquerait à clouer sur quelque lambris « gris Trianon » un échantillon de la marque fameuse, portant les six lettres droites, effilées, de la signature du Watteau ressuscité? Tracé à la sanguine, aux trois crayons ou à la pointe de diamant, le corps d'« Alice » se ploierait comme une liane. Tantôt elle embrasserait un bébé, puis jouerait avec deux, puis avec trois enfants, à mesure qu'il en naîtrait dans le tendre ménage. Plages, pont du yacht l'*Étoile*, chambre à coucher : partout l'amoureux épie l'épouse qui prévient ses désirs. Ici à l'ombre d'un parasol ; là appuyée contre un guéridon Directoire, ou étendue sur un canapé Directoire à têtes de cygne. Des hortensias, le buste de Marie-Antoinette, ornent la cheminée aux fines cannelures. Les ignorants n'ont plus qu'à consulter les estampes du maître en vogue pour prendre des leçons de goût.

Nous venons de mentionner l'*Étoile*, nom du bateau dont Helleu nous avoua, un beau jour, qu'il était propriétaire. Il embaucherait un petit équipage

de matelots anglais, userait de son yacht en guise
d'hôtel durant ses séjours d'été à Deauville et à
Cowes. Ainsi son rêve d'enfant de marin se matéria-
lisait.

Chaque mois de juin, nous étions partis pour
l'Angleterre avec Gervex, Ary Renan et une bande
de peintres, dont Helleu, qu'attiraient son ami Sargent, le voisinage de Whistler à Tite Street, et
peut-être... la divine princesse de Galles; mais davantage encore, je le crois, la Tamise. Combien de
journées avons-nous passées sur les pontons des
bateaux-omnibus, de Chelsea à Greenwich, salissant
des toiles sitôt jetées à l'eau, tandis que nos compagnons visitaient le British Museum! Helleu me
disait : « Je ne tiens pas à faire fortune; pourtant, si je
pouvais avoir un bateau, je crois que je ne peindrais
plus que des marines. » Une clientèle d'amateurs
d'estampes commença de l'inviter en Angleterre :
Henri Rochefort en exil le remerciait de lui apporter
à Londres une bouffée d'air parisien.

« On obtient tout ce que l'on désire quant on veut,
comme moi je sais vouloir », me disait Helleu plus
tard. « Vous rappelez-vous comment Rochefort a fini
par me donner, en échange d'un de mos sales pastels, cette tête de George IV par Lawrence? Je ne
pouvais plus manger, tant le désir de posséder ce
chef-d'œuvre me coupait l'appétit, quand j'étais

assis en face. De même, je vous ai chipé ce Cézanne que vous aviez acheté un jour à Montmartre. Tissot m'a cédé sa magnifique jardinière en cloisonné chinois du quinzième, et il est dur à la détente! J'aurai des chaises de Jacob plus belles que celles du marquis de Biron, de plus beaux cadres en bois doré que ceux de Sigismond Bardac; il n'y a qu'à aimer les objets comme on aime la peau d'une femme! » Il ne mentait pas. L'anecdote du Thomas Lawrence était exacte; cette toile, l'une des rares pièces de la collection d'Henri Rochefort qui fût authentique, Helleu la vendit à M. Groult, sur le conseil de Montesquiou. L'achat du yacht l'*Étoile* fut peut-être facilité par les profits de cette affaire si réussie. « Pourquoi pas? Un bateau, c'est un de mes instruments de travail; j'en ai plus besoin que d'un atelier. »

Ce *house-boat* pour villégiature, plus souvent ancré dans les ports qu'il ne naviguait en pleine mer, le peintre (encore ignoré) que fut Helleu en a tiré les thèmes de sa vraie, de sa meilleure production. Sa joie de vivre, son esprit léger et facile s'y expriment en couleurs pimpantes, frétillantes comme les petits drapeaux dont les mâts de l'*Étoile* sont pavoisés. La sobriété luisante des agencements pour cabines, dont la mode semble venir de Helleu, les lignes, l'architecture d'un yacht, d'une automobile,

d'une locomotive, allaient être pour lui une forme de
la beauté moderne. Bien des motifs qu'il aimait, les
« valeurs » trop rapprochées de ses marines, ne sont
pas sans analogie avec ceux de Seurat. Je crois que
son amour pour la Tamise, amour que nous partagions
lui et moi, fut contagieux. Si Claude Monet et beaucoup de faux impressionnistes ont peint la Tamise,
aucun, selon nous, n'en a exprimé mieux que Helleu
la lumière à la fois diaprée et monochrome, lourde,
impalpable et fugace, qui supprime plans et valeurs,
à la manière de ces éclairages diffus que répand la
coupe des plafonniers d'albâtre. A Londres, le soleil
n'est jamais où, selon l'horloge, il devrait être. De
désespoir, Helleu effaçait; que sont devenues ses
toiles de Londres? Il se sentait mieux à l'aise autour
de l'île de Wight, dans la rade de Portsmouth. Les
hauts voiliers de course sur le Solent, leurs ailes
frémissantes comme des mouettes d'argent, se
penchent sur les flots ou s'élèvent vers la voûte d'un
ciel plus clair que le blanc pur. Une poésie toute à
lui se dégage de ces peintures de Helleu, jalousement
cachées au public et qu'il donnait, brusquement, à
ses amis. Elles existent, celles-là, mais où sont-
elles? Parmi les fusées, les panaches d'écumes, les
flammèches de cristal et les stalactites laiteuses de
ses jets d'eaux versaillais, le *Bassin de Latone*
(grand panneau décoratif pour la maison de John

Sargent) nous semblait être sa pièce de maîtrise. Il lui préférait sa *Nef de la cathédrale de Reims*, qui figurera bientôt, selon son désir, dans la salle principale de l'école française, au musée de Rouen, si riche en chefs-d'œuvre anciens.

L'harmonie de la *Cathédrale de Reims* est d'une étrangeté pleine de saveur ; mais les piliers titubent, les voûtes chancellent, et l'on sent que Helleu, si sévère pour les mauvais dessinateurs, si respectueux des grands architectes, a, dans son vertige de « chef d'orchestre », négligé le fil à plomb, la règle et le compas. Il lui manque la patience d'un Maurice Lobre, autre dévot des vieilles pierres de Versailles et de Chartres, et la naïveté des Flamands qui rendaient au naturel les nefs austères de leurs temples.

Helleu se fiait trop à son « goût ». Sous son pinceau, les *tons rapprochés*, malaxés sur la palette, se neutralisent. Un industriel avait songé à lui offrir la direction de sa fabrique de tissus précieux, de papiers de tenture ; car Helleu devançait ces peintres d'aujourd'hui, Braque notamment, dont les récentes natures mortes sont de ravissants échantillonnages, d'un goût exquis, comme ces vitrines où s'organisent des symphonies de mouchoirs, d'écharpes et de gants.

Degas, inexorable pour les arrivistes, disait à l'un
deux : « Vous pensez trop à votre notice nécro-
logique. » Helleu, on l'a vu, doutait de son œuvre
peinte, si bien qu'il ne la vendait à aucun marchand ;
mais la cote qu'obtenaient ses portraits de jolies
femmes, résultat palpable dont il s'amusait, pour
la stabiliser, il lui eût fallu plus de rouerie ; exiger,
sans faiblir, les prix paradoxaux qu'obtenaient les
Boldini, les Sargent, les Zuloaga, les Laszlo et tous
les portraitistes britanniques ; prendre un impresario,
puisqu'un peintre doit se comporter comme un
comédien en tournée. Au contraire, il laissait, scepti-
quement, les petits brocanteurs de l'estampe gal-
vauder ses croquis, qu'ils ramassaient chez lui,
emportaient par douzaines, et se souciait peu de savoir
où cela irait ensuite, pouvu qu'on l'en débarrassât.
Un bas marché s'encombra de chiffons de papier,
balafrés de sanguine et de craie. Certes, il savait ce
que c'était que le dessin, mais restait conscient de
n'avoir ni la science, ni la démoniaque virtuosité de
Boldini. Ses masques d'hommes à la pointe sèche, le
Whistler, le Goncourt, — *une perle dans du coton*,
mot de Mme Jeanne Forain — et le Montesquiou à la
moustache cirée, pièces classées dans les cabinets

d'estampes, sont de banales physionomies, arrondies comme des fioritures de calligraphe. L'admirateur de Watteau et d'Ingres ne pouvait se faire illusion.

A sa mort, des notes brèves parurent, comme s'il se fût agi d'une de ces notabilités qu'on cite dans les comptes rendus des courses. Les chaisières de l'avenue du Bois appelaient Helleu par son nom. Toujours dehors le matin — l'hiver dernier encore — il rentrait chez lui, aux environs de la porte Dauphine, travailler, pour sa propre délectation. Peu d'amis, parmi les plus anciens, se vanteront d'avoir reçu son hospitalité. Affectueux, fidèle, il l'était, mais de loin. Ravi de vous rencontrer dehors, à l'hôtel Drouot, au Louvre, il n'allait plus chez personne et ne vous engageait pas à venir voir l'homme d'intérieur, père de famille, bon bourgeois, couche-tôt, lecteur du *Figaro* et du *Temps*, échappé de ce monde qui l'avait accaparé. Vers la cinquantaine, l'horreur de vieillir l'inclinait à la retraite, quoiqu'il gardât sa fièvre de chasseur, à l'affût des jolies femmes, son amour des bibelots, des meubles rares et des bateaux. Comment se fût-il résigné, sans restriction mentale, à n'avoir plus que sa position d'ex-ténor, porteur de besicles? On n'imagine pas les grands séducteurs « barbons », comme il m'écrivait en être devenu un.

Jusqu'en mars dernier, quand on dut le transporter

en hâte à la maison d'opération d'où il ne reviendrait
pas, méconnu, plus qu'oublié, il peignait encore de
violentes et voluptueuses études de fleurs, empâtées,
des natures mortes fort jolies d'exécution. Mais qui
donc aujourd'hui saurait que c'était de la bonne
peinture ? Il déduisait de ses méditations chagrines
— était-ce une coquetterie de s'en ouvrir à nous ?
— que ses recherches n'intéressaient plus que lui-
même, et un nombre infime de « retardataires ».
L'accueil fait à son dernier envoi en Amérique,
organisé par son ami Wildenstein, ayant prouvé
l'ingratitude des belles de New-York dont il avait
été l'idole, marquait l'heure des adieux au public.
On s'étonne qu'il ait ensuite consenti à exposer en
Angleterre ses marines inédites[1], quoique, on nous
l'assure, la Société nationale devait lui accorder une
salle en 1928 pour une rétrospective de son
œuvre. Espérait-il que la faveur qu'on lui avait
si tôt reprise lui serait rendue, au moins par des
détracteurs trop oublieux de leur ancienne admiration
pour lui ? Boldini l'avait renié, et il ne se
consolait pas d'une brouille sans motif avec le grin-

1. Cette exposition eut lieu à Londres, chez Brown et Phillipps,
le printemps qui suivit sa mort, et fut passée sous silence par
toute la critique, quoique organisée par l'ancien directeur du
Times. Elle comportait la série des Régates de Cowes, que Claude
Monet considérait d'une grande importance dans l'évolution de
l'impressionnisme.

dheux. « Si j'ai tôt trop fait ce qu'on appelle des images pour magazines, même pour catalogues américains », m'écrivait-il en 1926, « j'ai inventé ce genre de silhouettes que Van Dongen, Marie Laurencin, Driant, ont repris après moi; toute la peinture moderne est de l'image pour la reproduction. Vous verrez que j'ai fait tout de même de la pas mauvaise couleur, mon cher. Si je ne me mets pas le doigt dans l'œil, on le saura plus tard. »

Après ces journées de travail forcené, d'élan vers la vie qui l'excitait « ..us qu'à vingt ans », il allait jusqu'à la porte Dauphine prendre les journaux du soir. La brise, au crépuscule, devait lui apporter une odeur de cimetière, en passant sur les arbres du Bois démocratisé, sans Odette, sans Charles Swann, sans Oriane, ni Charlus. Ses modèles n'étaient qu'un mirage, comme tout un Paris, tout un passé auxquels le génie de Marcel Proust avait donné une réalité supérieure, un visage immortel... Pastels décolorés, pastels gris de poussière, que restait-il déjà de cette Anne de Béchevet aux lèvres jadis lilas, relique qu'Helleu gardait auprès de lui?

Helleu m'entretient d'une centaine de croquis faits dans un séjour à Boisboudran, de la comtesse Greffulhe. (Journal des Goncourt.)

Que reste-t-il de ces portraits, de ces *yeux impérissables* dont Montesquiou chanta la fascination?

Ces toiles fameuses, le biographe de notre peintre
tâche de les recréer dans son iconographie des
Belles de Helleu, mais l'écriture artiste de Montesquiou date comme ses *Chauves-Souris* et ses *Hortensias bleus.*

*Ce sera sous l'aspect de blancs cygnes qu'y appa-
raîtront et joueront, alors, leur rôle prédominant,
les trois pastels dès longtemps accomplis d'après
l'adorable modèle. Je revois encore le premier,
ébauché dans une furia de bon augure. C'est le soir,
à la lumière des bougies dont les flammes inégales
palpitent comme ces papillons que chérit Helleu,
au-dessus des appliques de Gouthières. Une pierre
de lune, au buste de la Dame de beauté, semble un
de ces insectes de feu, attiré par les feux du cor-
sage. D'autres papillons, obscurs et rayonnants, sont
ces vastes prunelles que nul point lumineux ne
paillette, mais qui semblent des étoiles téné-
breuses.*

*Or, ceci n'est qu'une vaste ébauche. Plus impor-
tant, plus capital, plus scénique, le deuxième pastel, exécuté dans le même décor, mais avec plus
de sûreté et d'allure. Dans l'ambiance dorée et grise
du salon Louis XV tout papillotant de lustres, la
blanche personne, debout, s'évente d'un blanc
éventail géant que l'on prendrait pour une aile.
Sous la fumée des cheveux frisés haut, les yeux*

presque durs dans leur regard ensemble pénétrant
et profond, seule note foncée de ce tableau, dilatent
leurs pupilles nocturnes. Et l'on pourrait inscrire,
au-dessous de ce portrait, le dernier vers du sonnet
inspiré par le modèle :

Beau lis qui regardez avec vos pistils noirs !

Le troisième pastel est né d'une esquisse que j'ai
sous les yeux et qu'il a développée. Appuyée,
incurvée, au bord d'un guéridon Empire, dont cer-
tains cygnes de bronze sont le mythologique orne-
ment, n'est-ce pas un cygne féminin que cette
silhouette de jeune Muse inspectant, au pourtour
du meuble précieux, la silhouette ciselée de l'oiseau
de Léda, en une attitude de grâce toute frater-
nelle ?

Ces afféteries détestables se perdent dans le loin-
tain, comme les fêtes du Pavillon des Muses, du
Pavillon rose où le « Chef des odeurs suaves »,
d'Artagnan réincarné en un esthète, donnait des fes-
tivals en l'honneur de Sarah Bernhardt, de Mme Madeleine Lemaire, devant des panneaux de Helleu dont
il faisait le boniment.

Au premier volume du *Temps retrouvé*, Proust a
dû songer à la vieillesse de son ami Helleu :

J'avais pu étudier son œuvre à un point en quel-
que sorte absolu. Mais lui, surtout au fur et à

mesure qu'il vieillissait, la reliait superstitieuse-
ment à la société qui lui avait fourni ses modèles, et
après s'être ainsi, par l'alchimie des impressions,
transformée chez lui en œuvres d'art, lui avait
donné son public, ses spectateurs. De plus en plus
enclin à croire matériellement qu'une part notable
de la beauté réside dans les choses, ainsi que pour
commencer, il avait adoré en Mme Elstir, le type de
la beauté un peu lourde qu'il avait poursuivie,
caressée dans des peintures, des tapisseries, il voyait
disparaître avec M. Verdurin un des derniers ves-
tiges du cadre social, du cadre périssable, aussi vite
caduc que les modes vestimentaires elles-mêmes qui
en font partie, qui soutient un art, certifie son
authenticité, comme la Révolution en détruisant les
élégances du XVIIIe siècle aurait pu désoler un
peintre de Fêtes galantes, ou affliger Renoir la disparition de Montmartre et du Moulin de la Galette;
mais surtout en M. Verdurin il voyait disparaître
les yeux, le cerveau qui avaient eu de sa peinture
la vision la plus juste, où cette peinture, à l'état de
souvenir aimé, résidait en quelque sorte. Sans
doute des jeunes gens avaient surgi qui aimaient
aussi la peinture, mais une autre peinture, et qui
n'avaient pas connu Swann, comme M. Verdurin,
reçu des leçons de goût de Whistler, des leçons de
vérité de Monet, leur permettant de juger Elstir

avec justice. Aussi celui-ci se sentait-il plus seul à la mort de M. Verdurin, avec lequel il était pourtant brouillé depuis tant d'années, et ce fut pour lui comme un peu de la beauté de son œuvre qui s'éclipsait avec un peu de ce qui existait dans l'univers de conscience de cette beauté.

Mon sévère et ironique camarade d'autrefois, de quoi avait-il joui davantage : de ses triomphes, ou de sa vie cachée ? Quelques jours après avoir appris, par hasard, sa maladie tenue encore secrète, et sa mort dans une clinique, on téléphonait de chez moi afin de connaître le jour de l'enterrement; un domestique répondit : « Mais l'enterrement est fait! Selon la volonté de Monsieur, il n'y a eu *que la plus triste intimité.* »

VAN GOGH[1]

Nous avons lu, d'abord, pour situer notre artiste,
l'exacte et significative *Biographie d'un héros*, par
M. Paul Colin (F. Rieder, *Maîtres de l'Art moderne*).
Nous confondions un peu les dates, ne nous rappe-
lions plus la longueur du chemin de croix parcouru
par Van Gogh; ses stations dans le Borinage, sa
crise de mysticisme, son apostolat tolstoïen ; misères
romantiques à la Chatterton, amours lamentables,
violentes querelles avec ses parents. Le pasteur, son
père, maudit l'insensé. Dix ans de perdus pour la
peinture. Si bien que le peu que nous ayons vu et su
de l'artiste, vers la fin de sa vie, coïncide avec les
premiers succès de plusieurs de ses cadets que nous
croyions avoir été ses contemporains. Gauguin le
découvre, l'encourage. Auparavant, ç'avait été
l'apprentissage, dans le commerce des tableaux, où

1. *L'Art Vivant,* juillet 1927.

le fit entrer son frère Théo qui fut longtemps vendeur chez Goupil, à Paris. Vincent s'éduque dans les autres galeries Goupil, à Amsterdam, puis à Londres, où les œuvres de Jozef Israëls, de Mauve, de Maris, d'Alfred Stevens, de Théodore Rousseau, de Millet et autres paysagistes de Fontainebleau, sont le gros fonds de commerce. A Millet il restera fidèle.

Ne se fût-il pas donné la mort, n'eût-il pas rencontré Signac et Gauguin, il aurait sans doute fait de la peinture néo-réaliste ou symboliste, comme on la concevait en Belgique au temps du poète de *Bruges-la-Morte*, Rodenbach, de Fernand Knopff, des salons de la *Libre Esthétique*. Non encore salué *grand peintre belge*, James Ensor, le *maître d'Ostende*, brossait allégrement des toiles très variées. Entre James et Vincent, les analogies sont évidentes. Nous nous demandions lequel avait influencé l'autre. Mais peu nous chaut : l'existence « héroïque » de Van Gogh aurait été un poème étonnant à elle seule, et qui niera que son œuvre lui doive une part de son prestige ?

Mais évitons un malentendu primordial. Quand nous discutons une aquarelle de William Blake, nous songeons à la poésie. Quand un jeune écrivain, tout pantelant, me soumet parmi ses trésors une composition de Chirico, ou des dessins de fou, nous demandons-nous si ces ouvrages stimulants sont d'un peintre ? G. de Chirico nous prend par d'autres moyens que ne fait le Matisse du *Bocal de poissons rouges*. Une femme est couchée dans un carrefour à l'intersection de deux rues bâties de palais italiens sans fenêtres, sinistres, muettes ; sous un ciel bleu de Prusse, la lune .. rnifie de ses rayons la statuette en plâtre que Chirico lui immole. Est-ce un sujet de pendule en albâtre ? Est-ce un antique du Louvre ? C'est une apparition de cauchemar. Mais si le même Chirico modèle trois pommes devant des triangles fleuris, conventionnels accessoires du cubisme, alors, adieu la poésie, et nous nous récrions, parce que sa nature morte est faible. Pourquoi, alors que Van Gogh est un imaginatif, voudrait-on nous l'imposer comme *grand* peintre?

Il est des cultes dont on ne peut entreprendre la critique avec trop de tact, tant que leurs rites sont acceptés passivement. Certains artistes, soit par leur génie, soit qu'ils bénéficient des circonstances où ils sont apparus comme des initiateurs, prennent une place qu'ils n'eussent point occupée quelques ans plus tôt ou plus tard. Nous avons toujours besoin d'un saint de plus, mais certaines époques sont davantage propices à la canonisation ; alors, il en est fait un grand nombre. Nous sommes dans une ère de générosité à l'égard des peintres, et ceux-ci se portent avec d'autant plus de désinvolture comme candidats à la béatification. Une fois le décret prononcé par le Sacré Collège, des ans se suivent durant lesquels le sanctuaire de l'élu se pare de fleurs, des attributs du fanatisme. Un jour vient, cependant, où l'on se demande si le Bienheureux invoqué méritait tant d'ex-voto et de cierges.

Si téméraire que ce soit de l'avancer, nous croyons que Van Gogh — ou du moins sa peinture, car l'homme restera un personnage légendaire bien curieux — perdra peu à peu de son importance; rares sont les morceaux de cette œuvre si sincère, et qui eut tant de répercussions, qui resteront tout à fait dignes qu'on les admire comme d'un *maître*, parmi les peintres qui profitèrent de Cézanne et des impressionnistes. Le non-professionnel qui croit discerner dans les toiles de Van Gogh « de la peinture », nous le soupçonnons d'insincérité, de snobisme quand, ensuite, il s'extasie devant des Cézanne, des Manet, des Renoir, des Henri Rousseau, et loue avec intrépidité Derain, Picasso, Matisse, Utrillo, Vlaminck : tous techniciens qui, même s'ils bousillent leur « numéro », restent *peintres*. L'amateur n'est sensible qu'à la valeur marchande : or, tels, entre les héros de la renaissance picturale en France, furent sous-estimés; tels autres sont surestimés. Van Gogh nous semble être de ces derniers, avec Lautrec et Gauguin, puisque leurs ouvrages sont plus cotés que ceux de Corot. Une ballerine, par Schall, a autant d'adorateurs qu'un nu de Boucher, parmi les collectionneurs !

Le matin que j'allai à la rétrospective de Van Gogh, les journaux publiaient le discours de Valéry pour sa réception sous la coupole académique. Assis au centre de la salle, avec un jeune littérateur de mes amis, j'attirai son attention sur le récit de la seule visite qu'avait faite Paul Valéry à Anatole France, ce sceptique par excellence, érudit, mais « gobeur », vieillard lascif et paresseux. Je lus ceci : *La crédulité, pensai-je, n'est pas difficile. Elle consiste à ne pas l'être. Il lui suffit d'être ravie. Elle s'emporte dans les impressions, les enchantements, et toute dans l'instant même, elle appelle la surprise, le prodige, l'excès, la merveille et la nouveauté. Mais un temps vient, quoiqu'il ne vienne pas pour tout le monde, que l'état plus délié des esprits leur suggère d'être exigeants. De même que les doctrines et les philosophies qui se proposent sans preuves trouvent dans la suite des temps plus de mal à se faire croire et suscitent plus d'objections, tellement qu'à la fin on ne retienne plus pour vrai que ce qui est vérifiable ; ainsi va-t-il dans l'ordre des arts...* D'autres couplets de la harangue seraient à signaler pour les rapports étroits qu'ils ont avec l'attitude actuelle de l'opinion des amateurs vis-à-vis des gloires consacrées de la peinture moderne. Mon compagnon s'amusait à se figurer les trois quarts de l'auditoire très choisi, applaudissant dans l'hémicycle de l'Institut les phrases savantes de Valéry sans les comprendre, à cause qu'il rétablit les mots dans leur sens original.

Mon compagnon affectait un malin plaisir à considérer la mine pleine de componction des fanatiques de Van Gogh, à ouïr les paroles orthodoxes de groupes de gens sidérés par ces clairs « à plats », par ce « cloisonnage » simplifié, lesquels, tout de même, ne sont point un substitut de ce que Berenson appelle « valeurs tactiles ». La suppression du clair-obscur — suprême difficulté technique — est un fait accompli ; la disparition des mystérieux moyens employés par les maîtres a transformé, sans doute à tout jamais, la vision des peintres et de leur clientèle. Les « connaisseurs » n'en sont que plus affirmatifs, péremptoires, hautains, quand ils se prononcent pour ou contre un tableau. « *C'est si sérieux !* Quels noirs ! Plus solide qu'un Chardin ! » s'écriait un monsieur porteur d'une *N. R. F.* et d'un rouleau de musique, devant les *Croquenots* de Van Gogh. Cette nature morte, sans noirs, d'un éclairage vulgaire, doit néanmoins agir par quelque adjuvant qu'il importerait d'analyser. Et pourtant, qu'est-ce qu'une *nature morte* représentant des vieux souliers, en vrac sur le plancher d'un couloir de garni, si elle n'est point un morceau étourdissant de maîtrise ? Un poulet, de Soutine, est plus *de la peinture* que ces chaussures dramatisées.

Mais prenons-y garde, « maîtrise » ayant perdu son sens, comme les mots que restaure Valéry, une multitude d'associations imprévisibles naissent dans des cerveaux pour lesquels un tableau est une sorte de bouton qui déclenche un lyrisme d'époque, comme le commutateur nous donne la lumière électrique. Pour nous aussi, certes! mais à condition que le tableau en soit *un véritable;* tandis que le déclenchement chez la plupart des gens se fait à propos des objets les plus saugrenus. On pourrait sans fin disserter sans établir ce à quoi est due la puissance de suggestion d'une œuvre plastique. Une médiocre peut-elle, autant qu'une œuvre excellente, émouvoir des esprits cultivés? Où commence l'élément *littérature,* depuis que la plastique est toute pénétrée d'intellectualisme, pour quatre-vingt-dix-neuf sur cent de ceux qui croient jouir de la peinture? Mais le plus paradoxal n'est-il pas que tout ayant été essayé pour nous surprendre et toucher nos âmes par l'appel aux sens, un peuple riche d'un magnifique passé, qui se dit le plus civilisé, raisonnable, et très sceptique, ne distingue plus l'expres-

sion de l'*expressionnisme*, qui en est le simulacre?
Van Gogh, pieux enfant du Nord, transplanté à Paris,
se débrailla, parla, il y a trente ans, un dialecte pictural, aussi desserré que le jargon des garagistes.
La guerre nous aura habitués au lexique petit nègre.

Nous aimons le nouveau; mais il n'y a plus, hélas,
de surprise pour nous, dans les œuvres de Van Gogh.
Elles vieillissent assez mal; sous leur croûte et dans
leurs sillons qui s'encrassent, dépérit une chair
pauvre, jadis habilement maquillée, un squelette
rudimentaire. Nous reconnaissons ici et là les attraits
qu'elles eurent en leur avril, mais prévoyons avec
tristesse les duègnes qu'elles vont devenir. Puisqu'elles sont classées objets de haut prix, nous ne
ferons de tort à personne en sonnant l'alerte, hormis
à nous, l'impudent qui les dénonçons vides de cela
même qui constitue un bon tableau. De l'illustration,
du décor? Que vaut la forme? Où est la couleur? Est-
ce « de la peinture », ce travail imité des laqueurs
de Coromandel, ces tons vulgaires dans la violence
autant que dans la fadeur? Banalité des visages quand
ils ne sont pas de la charge, convention du dessin,
manque d'expression, d'invention de « coupe ». La
fameuse *Pieta* n'a ni pathétique, ni tendresse, ni humanité, ni spiritualité, ni cocasserie. Si un artiste s'attaque
à un tel sujet, qui a été traité par les plus grands, encore
faut-il qu'il ne nous fasse point souvenir de détes-

tables images pour livre de messe. De quelles vertus
peut — oh! qu'on nous l'apprenne! — se réclamer
ce morceau, sinon d'une « visibilité » de touche bien
agaçante, de bleus et de jaunes de faïencerie? La
plupart des personnages, des paysages, sont stylisés
et enluminés comme les anciennes affiches de la Compagnie du P.-L.-M. : *L'hiver sur la Riviera, la Belle
Arlésienne*. Van Gogh peint-il des roses, il reste
entre Louise Breslau et Rochegrosse pour l'interprétation de la fleur et du feuillage, mais il cerne
d'un fil de fer les contours, comme l'illustrateur des
Quatre fils Aymon fait dans ses planches pour
éditions de bibliophile. Van Gogh « concurrencie »
la défunte « barbotine », le verre de Gallé et la mar-
queterie de Nancy. Cette matière est à la peinture
ce qu'est le macramé de naguère à la belle guipure.
Les bonheurs d'harmonie (tels, les *Tournesols* de la
Tate Gallery) ne dépassent pas la moyenne des
arrangements en maint papier de tenture modern-
style. Quelquefois un site romantique, ou un lieu
jusqu'à lui réputé peu pictural, inspire Van Gogh :
Arles, les Aliscamps, une salle d'hôpital, un bouge.
La vibration de la lumière, le bariolage amusant
d'une foule méridionale nous font alors oublier un
peu que la toile est « creuse ». Peinture maigre,
malgré les empâtements, toujours l'est un tableau
de Van Gogh.

Nous avons donc revu son portrait (pas celui à la mentonnière) et le Portrait du zouave, avec ses vilains brillants sur la paupière, ses cernures d'élève décorateur qui masque ainsi l'hésitation de la main. Il paraît que ce zouave n'est pas le *bon*, que l'autre est *sublime*. Nous avons une fois de plus contemplé les *Iris* (100.000 francs le centimètre carré), sans pouvoir plus qu'hier ni qu'avant-hier écarter de nous le souvenir d'un Hector Guimard, d'un Quost gourmé qui composerait un modèle de tapisserie pour « *Au fil de la Vierge, ouvrages de dames* ». Les verts modern-style sont opaques, sans modulations ; les iris? d'un lilas de boîte à bonbons pour « *A la Marquise de Sévigné* ». Il est fort pertinent que ces coloriages bon marché plaisent au naïves jeunes générations de mondains qui viennent, à l'appel des clairons d'avant-garde, s'instruire à l'école de Van Gogh, avant de monter au second étage où les pastels de la comtesse de Noailles les sollicitent[1].

Élie Faure, par jeu d'esprit, vient de donner une reproduction de la *Chaise de paille*, par le Fliegende Holländer de Provence, à côté d'un merveilleux exemple d'architecture navale. Pourquoi des gamins incultes ne seraient-ils point dupés, si un

1. Ces pastels étaient exposés, au même moment, chez MM. Bernheim jeunes.

Élie Faure, puissant cerveau de savant, sans cesse méditant sur les problèmes les plus ardus de la philosophie, n'est pas encore revenu de ses mysticismes d'adolescent ?

Il me souvient de la figure de Van Gogh. Il était d'une couleur ravissante, vert et rose — vous connaissez ses portraits. — La mentonnière, la blessure au rasoir, la folie, toute son histoire, et ses lettres ajoutaient un pathétique qui chavira nos cœur, à ce qu'avait de piquant, en sa fleur, sa peinture martelée, hachée et vivace. Qu'elle semblait affriolante chez le père Tanguy ! Mais trop tôt, l'on nous avait montré deux « japonaiseries » qui nous sont resservies en 1927 : chromos simplement innommables, comme une couverture de catalogue d'une spécialité de meubles en bambou. Tout artiste, parfois, rate; mais il est des fautes qu'il n'est pas permis de commettre, si l'on a du génie. M. Colin écrit de Van Gogh : « *Fils de roi, aurait dit Gobineau* » Mazette ! Et l'auteur de « *la fameuse Cour de prison de la collection Mourousoff; la toile la plus hallucinante qu'un peintre ait jamais signée.* »

Hallucinante ? Mais les photographies des enfants du tsar Nicolas, les cheveux rasés, prises par le précepteur des grands-ducs avant leur meurtre, donnent le frisson au monsieur qui feuillette l'*Illustration* chez le barbier. Les galériens du film *Ben Hur* nous ont empêché de dormir. Un quelconque instantané a la même magie, mais non un mauvais dessin d'artiste. Le *Van Gogh* de l'éditeur Rieder comporte des héliogravures excellentes d'après 45 chefs-d'œuvre du Fils de Roi. Nous vous recommandons ces machines-là, privées de leur couleur : le frottaillis, l'égratigné du genre Raffaelli, le dessin, style *Assiette au Beurre*. Voyez le schéma de la *Ronde des prisonniers*. Alors, qu'admirez-vous en Daumier, en Delacroix ? Pourquoi Israëls serait-il un *artiste très moyen*, si Van Gogh est de race royale ? Ce sont deux Néerlandais, dont le plus jeune prit la rage, d'une morsure faite chez nous par un molosse de notre noble chenil.

LES VAN GOGH
DE LA COLLECTION KROLLER [1]

Une heureuse coïncidence de dates m'a permis de visiter la collection des Van Gogh prêtée au musée moderne de Bruxelles par Mme Kroller, célèbre collectionneuse hollandaise. Je venais de rencontrer M. Piérard, le député socialiste belge, auteur d'une *Vie de Vincent Van Gogh*. M. Piérard

1. *L'Art Vivant,* février 1928.

avait lu mon « scandaleux » article du printemps
dernier, écrit en sortant d'une exposition tenue à
Paris, et moins faite que je ne l'espérais pour que
l'on y pût juger l'œuvre de Van Gogh équitablement.

— « C'est surtout le *bonhomme*, son existence qui
me passionnent », me concéda comme par civilité
M. Piérard. « Tout de même, connaissez-vous ses
meilleures toiles ? On ne met Van Gogh à son rang
qu'après avoir parcouru des galeries d'Europe que
vous ne semblez pas avoir visitées, celle surtout du
Lange Voorhout, de La Haye, admirable résumé
de l'art contemporain d'avant-garde. »

Il m'est toujours agréable de revenir sur un jugement trop hâtif. Aussi bien suis-je aise d'avoir lon-
guement scruté les cent quarante-trois pièces
qu'avaient réunies dans un ordre chronologique
exact les conservateurs du Musée Royal. Plusieurs
répliques de toiles pour lesquelles j'avais eu des
sévérités (que peut-être me dictèrent des réactions
trop vives sous la douche brûlante que certains zélateurs m'avaient administrée), j'en ai trouvé les originaux à Bruxelles, et plusieurs compositions équi-
valentes quant au sujet, mais si nettement supérieures
par la qualité des rapports de tons, que je demeurai
perplexe ; de nos jours, les faux se fabriquent sans
vergogne, ce n'est plus un secret ! Je ne veux plus
me rappeler que les authentiques, les *bons* Van

Gogh. Comme exemple, je citerai des natures mortes, les *Vieilles chaussures*, les *Sabots;* des paysages très frais, des interprétations piquantes, par leur fantaisie, de graves tableaux de musée sur lesquels la verve de « Vincent » s'en est donné à cœur-joie en les travestissant. Si l'*Arbre en fleurs*, signé « Souvenir de Mauve-Vincent », est un fade pastiche, retenons les *Meules en Provence*, le *Jardin de l'Hôpital*, les *Aliscamps*, un délicieux paysage printanier, un *Pont à Arles*, et un *Verger* vibrant des taches que le soleil fait danser, au premier plan. Mais chacune de ces bonnes toiles en évoque quelque autre. Et c'est tant mieux, quand la chose évoquée est des plus belles.

Je ne conteste que la place prééminente attribuée par les écrivains à Van Gogh dans l'histoire de la peinture moderne. Tout artiste est libre de traiter à sa manière des œuvres de maîtres, ou même, comme il advint à Van Gogh, pour sa *Cour des Prisonniers*, d'accomplir un prétendu « chef-d'œuvre de peinture pathétique » d'après une gravure sur bois de Gustave Doré. Ah ! ces prisonniers tournant en rond au fond d'un cul de basse-fosse, nous en aura-t-on rebattu les oreilles ! D'où vient le « lyrisme » de ce tableau ? Quel sentiment l'inspira au peintre des tournesols et de ces iris et de ces roses de paravent modern-style ? La pitié ? La haine ? L'ingénu

Vincent osa plus que s'inspirer d'une vignette pour livre d'étrennes : il semble l'avoir *calquée*. Quelle n'avait point été ma surprise, un jour que je feuilletais avec des enfants le *Londres* de Francis Wey (1878) illustré par Gustave Doré, d'apercevoir le fameux Van Gogh, mais en noir et blanc... De surcroît, je m'avisai que ce dessin sans aucune prétention au grand art é'ait aussi émouvant dans sa modestie que la peinture du trépidant coloriste. Depuis longtemps, je n'avais plus regardé le *Londres*, l'*Espagne*, le *Dante*, les *Contes de Perrault*, le *La Fontaine*, la *Bible*, le *Don Quichotte*, de Gustave Doré, joujoux de nos enfances, gloire de nos bibliothèques d'adolescents. Petits et grands revêtaient des formes que Doré avait imaginées, les scènes légendaires ou historiques dont la connaissance est le bagage d'une éducation moyenne. Personnages, architectures et paysages, les textes classiques, ou les récits de voyages fatigants à lire nous les suggéraient avec moins de vivacité que ne nous les figurait le dessinateur populaire de la maison Hachette. Cet inlassable « croquiste », ce peintre détestable avait été un grand créateur d'images : rien de moins ! Il est vraisemblable que Van Gogh, naïvement, et comme nous-autres (qui n'étions pas des stupides, non plus), se délecta de la richesse, de l'éblouissante variété des vignettes qu'un Cagliostro du crayon lançait à travers le monde. Mais on est tombé à ce degré d'ignorance qu'un portrait par le caricaturiste André Gill vient d'être exposé, à Berlin, comme un Daumier. S'il est de plus en plus d'amateurs sensibles à des rapports de tons, il n'en est plus guère qui le soient à la qualité d'une forme, d'une ligne, d'un dessin. Sinon les faussaires feraient moins de dupes, et moins de truqueurs passeraient pour des artistes.

Si l'on considère en Van Gogh le visionnaire, l'imaginatif, que l'on me dise, enfin, pour quelle raison un Doré, comme tel, serait inférieur à « Vincent ». Pourquoi Doré serait-il, humainement, quelqu'un de négligeable ? Faut-il donc que l'invention, pour être appelée *géniale*, ait un caractère d'irresponsabilité, voire de folie ? Des dessins d'aliénés (faut-il le répéter ?), il y en a d'étonnants ; c'est un jeu de les singer. Selon l'opinion de l'*intelligentia*, la démence où sombra Van Gogh semble ajouter un fleuron à sa couronne, une couronne princière sur sa tête de dégénéré. Enregistrons ces divagations d'un hyper-romantisme anarchiste. Si morbide, sans doute, qu'il fût dès sa naissance, retenons que Van Gogh débuta comme un bon peintre de tradition néerlandaise. Les trois soleils (dans un de ses derniers paysages de Provence, exécutés comme du laque de Coromandel ou de la céramique) — s'ils dénoncent

le malade, cela m'importe moins que d'apprendre
que ce malade aurait pu être un assez beau peintre
sans folie, et qu'il en avait été un avant que son
cerveau se brouillât dans une atmosphère d'insur-
rection qui n'était pas la sienne. Delacroix n'était
pas fou ni révolutionnaire. Qu'est donc la folie chez
les artistes ?

Écoutons plutôt les psychiatres. Ceux-ci, comme
les idéologues de l'esthétique, se sont demandé s'il
y aurait des rapports de cause à effet, scientifiques,
entre la folie et l'art, la névrose et le génie. Sans
doute ! Certains déments ne doivent qu'à la maladie
de s'être révélés peintres. On se rappelle que le
pauvre Canudo songeait à organiser des expositions consacrées aux ouvrages des aliénés. En
décembre 1927, Canudo en aurait vu s'ouvrir une
à la Galerie Vavin, sous les auspices de M. le
Dr A. Marie. Si sommaire et tendacieuse qu'elle
m'ait paru, l'expérience n'était pas inutile. Quelques
spécimens de pochades à l'huile par des fous n'auraient pas été remarqués aux Indépendants... Un
portrait d'homme, ressemblant à Max Jacob, n'était
qu'un Soutine modéré. Des maisons de village,
en pagaye, auraient pu passer pour d'anciens
Vlaminck, ou être l'œuvre d'un de ces artistes
qu'on imite facilement à Montparnasse. D'autre
part, un ex-sculpteur avait modelé, à l'aquarelle, des

ribambelles de médailles, figures archaïques de style
noble, avec l'ombre et la lumière adroitement indi-
quées en trompe-l'œil. Je cherchai des signes de
désordre mental, sans les découvrir, rue Vavin.
Pénible déconvenue : il n'y avait point de ces
obscénités que le neurologue enferme dans ses
tiroirs, avec des fiches. Mais des pages d'arabesques,
d'ornements bizarres, semblables aux dessins dits
cubistes, par extension et impropriété, que les éditeurs commandent pour moderniser la présentation
de leurs livres. A quoi reconnaîtrions-nous *la folie*,
quand chaque peintre militant la simule si bien, avec
une rouerie désarmante ?

L'exposition de la Galerie Vavin a posé le problème peut-être insoluble du génie et de la démence.
Je sais des gens fort judicieux qui mettent en question l'authenticité de la folie chez Van Gogh. Regardons son crâne, son ossature faciale, ses yeux et sa
bouche de prévenu de cour d'assises. Regardons
ses photographies prises sur nature, car ses auto-
portraits à l'huile, il les a déformés pour ses propres
besoins de coloriste, qui doit remplir des compartiments délimités par un cerne d'autant plus large
que la main hésite. Comme les enfants à demi
éduqués (trop, ou pas assez), il n'est plus tout à
fait spontané, ni maître de ses moyens de dessinateur. Cet épais contour de plomb (le plomb des

vitraux d'église), dans beaucoup de toiles modernes,
devient un « truc » destiné à faire chanter les couleurs vives qu'il borde. Van Gogh l'employait par
un reste d'habitude, pour *faire tourner*, pour
donner du relief à un ton mis à plat qu'il ne veut
plus modeler : par discipline et maniérisme. Ses
dessins de la collection Kroller sont d'une pitoyable
indigence plastique; mais ils nous touchent autrement. Le *Charpentier debout à son établi, sciant une
planche* (daté d'Essen 1881), le *Mineur, un sac sur
la tête, une pelle sur l'épaule droite;* un *Portrait
de jeune femme; l'Homme et la femme sur le
seuil d'une porte* (à la mine de plomb), etc., etc.;
enfin, tous les croquis d'après J. Millet, nous rensei-
gnent sur la mollesse native de la main, mais sur la
tendresse de Vincent; plus il tremble, plus il
affirme.

Le pinceau et les tubes de couleur lui sont indis-
pensables pour formuler plastiquement quelque
image, pour suggérer le volume des objets, l'es-
pace, l'atmosphère. Mais on connaît, direz-vous, peu
de dessins de Chardin; de très bons peintres de
nature morte n'en ont laissé que de médiocres. Or,
Van Gogh en les années mêmes qu'il dessinait
comme on dessine à l'école primaire, brossait déjà
de bons tableaux. Il doit donc être jugé en tant que
peintre. Examinons sa peinture. Sa technique à la

flamande ne dénotait pas une originalité propre à révolutionner l'art (cas de beaucoup de petits maîtres hollandais et flamands que nous chérissons néanmoins), mais il avait une compréhension attendrie des choses de sa terre natale ; la collection Kroller abonde en morceaux d'une intimité charmante, comparables aux *Brodeuses* de Fantin, aux *Servantes* de Bonvin. Cette « peinture de musée », s'il y fût resté fidèle, peut-être que Van Gogh serait oublié aujourd'hui comme un Bonvin, un Charles Cottet. Il se « dénationalisa » par amour des impressionnistes, par curiosité d'esprit et mimétisme de névropathe.

Mais nous lisons, dans la préface du catalogue : « Il est tout à l'honneur des esthètes belges d'avoir été les premiers à reconnaître la valeur de la peinture de Van Gogh. Celle-ci est bien plus qu'une peinture impressionniste : c'est celle d'un *précurseur*. Van Gogh n'a pas seulement tourné le dos aux *descriptions vulgaires des réalistes*, il s'est détourné aussi des *apparences passagères* (sic) et des *éléments morbides* d'un certain impressionnisme. (Lequel ?) — Cet artiste si profondément sensible a travaillé avec une énergie opiniâtre afin de conquérir une technique personnelle capable d'*exprimer ses conceptions avec une véracité sincère.* »

N'était-il donc pas sincère ni personnel auparavant ? Ici, en toute sa beauté, voici la confusion des esthéticiens idéologues et doctrinaires ; que veut exprimer le préfacier par *véracité sincère, apparences passagères ?* Est-ce de rêves qu'il s'agit ? Nous y voilà : il s'agit d'un *monde intérieur* opposé à la *réalité* du *monde extérieur.* A quelles *conceptions* est-il fait allusion ? A celles des impressionnistes ? Ou des expressionnistes ? Ou de l'illustrateur Gustave Doré ? Et quoi, des œuvres de Delacroix, de Millet, de Gauguin, ou d'Anquetin, que Van Gogh regardait toujours ? Un travail *opiniâtre* d'assimilation, de même que sa névrose, devait stimuler Van Gogh. Il était *profondément sensible* aux influences, et il en a subi beaucoup, en se cherchant ; au lieu d'indiquer dans son *Paysage montagneux* un seul soleil, qu'il en ait piqué trois (il les a peut-être *vus,* en son hallucination), cette bizarrerie n'aurait pas déterminé la *qualité picturale* de ce morceau. Si cette toile est si célèbre aujourd'hui, c'est qu'elle ressemble moins à de la peinture qu'à un décor amusant. Je prétends tout bonnement que la qualité picturale n'est pas ce qui émeut, dans ce paysage, ceux qui l'admirent.

En étudiant ses ouvrages chronologiquement, je me persuade que notre Hollandais, d'éducation flamande, a peu gagné à venir auprès de Gauguin, lui qui gardait un culte filial pour Mauve, Israëls, et

d'autres moindres artistes ses compatriotes. Mais
en copiant Delacroix, en le « pillant », comme l'on
disait naguère, il pensa peu à peu aux colorations
des impressionnistes, aux estampes japonaises, et
cet amalgame d'emprunts fut une part de l'originalité qu'on lui reconnaît. Il étonne par ses contradic-
tions, par ses emprunts camouflés, par sa « cuisine ».
Ingénument docile aux directions reçues de ses nouveaux maîtres français, il croit « épurer » sa palette ;
c'était un cliché dès l'époque de Manet. Dans les
ateliers, les formules, même creuses, sont stimu-
lantes. Si Vincent changea de principes, varia ses
harmonies, il ne créa pas une gamme, comme on
nous le dit, mais il en changea. Libre à vous de pré-
férer à ses gris colorés de la « période hollandaise »
les irisations, la polychromie de sa période arlésienne.
Si elle perdait en intensité, sa palette gagnait un
éclat, une gaieté, dont le charme, à mon avis, reste
un peu facile ; cette cuisine méridionale est très
savoureuse quand le plat est réussi, servi chaud.
Récurés comme des cuivres, vernis, entretenus par
la collectionneuse de La Haye, et sertis de cadres
aux nuances appropriées à chaque toile, les Van
Gogh de Mme Kroller ont la mine vermeille de la
jeunesse ; on les croirait peints d'hier. On distingue
à peine, çà et là, un désaccord dû à l'action chi-
mique d'un ton sur un autre, écueil de ces tech-

niques hachurées, balafrées, qu'Anquetin comme Van Gogh (et toute une école française) substituèrent à l'exécution des premiers impressionnistes. Il serait oiseux de se demander lequel d'entre ces peintres fut inventeur, *précurseur*. Peut-être fut-ce un des moins connus aujourd'hui ? D'ailleurs, précurseur de qui ? De ceux qui l'imitent ? Un génie créateur est un point terminus. On ne le dépasse pas. La vision de Van Gogh, quand il peignait sous l'égide d'Israëls ses belles natures mortes à la Chardin, ses scènes familiales à la hollandaise, était aussi « personnelle » qu'en ses effigies de l'*Arlésienne*, de l'*Officier français*, de l'*Acteur*, du *Facteur des postes* et de lui-même. La vision de Manet est-elle plus personnelle quand il peint le *Déjeuner chez le père Lathuile*, sous le regard de Claude Monet, que dans sa période espagnole ? Il n'est juste de chercher le développement d'une « personnalité », que dans la longue carrière d'un très grand peintre, Renoir par exemple.

DE QUELQUES PEINTRES
ANGLAIS MODERNES[1]

C'était la fin de la saison, on sentait une lassitude du public, et pourtant des expositions s'ouvraient encore ; on annonçait de grandes vacations chez Christie. Le premier confrère que je rencontrai venait de lire mon article sur Van Gogh : « Qu'en pensent-ils, à Bloomsbury ? » me dit-il. « Vous savez, la peinture française moderne fait partie de nos institutions. Librairies, bibliothèques regorgent de documents sur Vincent Van Gogh ; allez dans Charing Cross Road, les bouquinistes vous renseigneront sur le nombre fabuleux d'exemplaires qui filent chaque jour pour la province. Je crois, sur l'honneur, qu'il aura été publié plus de commentaires de l'œuvre de Van Gogh qu'il n'en existe sur Léonard ! La Tate Gallery possède la *Chaise de*

1. *L'Art Vivant*, septembre 1927.

Paille, les *Tournesols*, un paysage de Provence, que nos étudiants copient comme nous copions des Claude Lorrain. Mr. Courtauld achète, achète, donne infatigablement ce qu'il ne retient pas pour son historique hôtel de Portman Square, construit à la fin du xviiiᵉ siècle par Adam, l'architecte-décorateur. Ainsi voit-on en plein vieux Londres, sur des cheminées de pur « Adam's style », le *Bar* de Manet, un Cézanne, et des Vincent, des Vincent accrochés sous les lambris à médaillons peints par Angelica Kauffmann. Votre Luxembourg n'a rien de comparable à notre *Tate*, pour qui veut étudier vos génies. »

La Tate Gallery ou National Gallery, Millbank, devient en effet un temple de la peinture française, du moins dans l'aile dont elle s'est agrandie grâce à la munificence de sir Joseph Duveen. Le baronnet, le nouveau commandeur de la Légion d'honneur, bientôt sera élevé à la pairie ; lord Duveen aura doté de beaucoup d'œuvres d'art les musées, en France et en Angleterre. Mais le comité directeur de la *Tate* n'accepte guère que des ouvrages significatifs de ce qui fut ou est encore « d'avant-garde ». Mr. Courtauld, le roi de la soie artificielle, puissamment riche et homme de goût, suit l'exemple de feu sir Hugh Lane, bien connu à Paris. Sir Hugh mourut dans la catastrophe du *Lusitania*. Son magnifique legs à Dublin, sa ville natale, ensuite partagé entre l'Irlande et Londres, marquait une date. Lane a été l'un des premiers admirateurs de Daumier, Corot, Degas, Manet ; ses collections, en partie ramassées chez Durand-Ruel, chez Vollard, aux ventes célèbres, dont celle de M. Rouart, constituaient une nouveauté bien surprenante. Depuis lors, les jeunes étudiants d'art se sont mis à fréquenter nos ateliers, à vivre beaucoup au Quartier Latin ; ils s'enflamment pour les ouvrages de nos peintres. Cet exode avait commencé sous l'impulsion de Walter Sickert. Il y a vingt-cinq ans que Degas est ce que les Anglais appellent « un classique ». Notre vieil ami George Moore a beaucoup fait pour dégoûter ses compatriotes de l'art académique, en leur faisant connaître, par ses écrits et sa conversation, nos auteurs et nos artistes du temps de Manet. Toute personne qui a vécu comme Moore à Paris, au « temps héroïque » de Zola, des Goncourt, de Manet, de Huysmans, jouit d'un prestige de plus en plus solide. Walter Sickert et George Moore ont jeté un pont entre nos deux pays ; ayant pour eux d'abord une élite de l'*Intelligentia*, et l'*Intelligentia* croissant et multipliant par la contagion du snobisme, affection très spéciale au peuple anglais, les progrès furent rapides. Les Universités créent ou accréditent les modes intellectuelles. Mais distinguons :

Oxford reste le conservatoire des traditions de

Ruskin et de Walter Pater. William Morris était un oxfordien. Le préraphaélitisme, la culture latine, et nommément la française, le conservatisme politique y règnent, mais un conservatisme « littéraire », si l'on veut, et supérieur. L'étude des langues pousse la jeunesse universitaire à lire et à comprendre nos poètes, nos prosateurs ; Mallarmé, Verlaine, Marcel Proust, Valéry ont presque autant de dévots que Walter Pater.

Cambridge aurait plutôt des tendances germaniques, se montre plus avancé qu'Oxford et toujours *de gauche*, socialisant en politique.

Ceci est un trop bref résumé de dispositions infiniment complexes, de mouvements trop ignorés chez nous. Qu'il suffise de désigner comme représentants de l'esprit cambridgien les Roger Fry, les Lytton Straitchey, les Maynard Keynes, inspirateurs et rédacteurs de *The Nation*, de *The New Statesman*. La France, que ces polémistes malmènent sans pitié, comme peuple, et pour ses desseins impérialistes (!), à la chance d'être, à leurs yeux, le foyer des arts plastiques, la terre de la peinture d'avant-garde. Les Cézanne, les Seurat, tous nos « indépendants », par leurs ouvrages exposés et analysés, sont les instruments d'une propagande française dont jadis nos acteurs et auteurs dramatiques se chargeaient à peu près seuls à l'étranger. Répétons-le : les foyers d'activité, ce sont les Universités.

Quand nous dirons « l'esprit universitaire », nous confondrons parfois Oxford et Cambridge, pour plus de commodité, réunissant ces deux noms sous l'étiquette *intelligentia;* mais que surtout l'épithète « universitaire » n'induise personne à confondre les anciens élèves de ces facultés avec nos *universitaires* et sorbonnards : ce serait se fourvoyer outrageusement.

Remontons à Rodin. Alors qu'il éprouvait encore des difficultés à consolider sa réputation dans sa patrie, on le tenait pour un géant, en Angleterre. Alphonse Legros, ce Bourguignon naturalisé anglais depuis les ans 70-80, avait été l'incomparable éducateur de générations d'étudiants d'art. Legros, dans son exil, après la Commune, attira, donna comme modèle plusieurs de nos artistes, dont Rodin, Puvis de Chavannes. L'*International Society of Painters, Sculptors and Etchers* (graveurs), fondée autour de Whistler, son président, contre l'inamovible et revêche Royal Academy, élut Rodin pour lui succéder. Le banquet annuel, coïncidant avec le vernissage de la très accueillante *International* (qui fut très choisie, d'abord), ne fut pas sans aider au rapprochement anglo-français à la fin de l'ère victorienne et sous Édouard VII. Le comité, dont j'eus le plaisir d'être un des membres, quand j'avais mon atelier à Londres, était composé d'artistes pour

la plupart appartenant au New English Art Club.
Will Rothenstein, Nicholson, Guthrie, Lavery,
Wilson Steer, C. Shannon, C. Ricketts, Ch. Conder
avaient presque tous étudié à Paris. Wilson Steer
incarnait l'impressionnisme. A la Grafton Gallery,
Copeau et Vildrac firent des lectures et des conférences sur notre littérature. Loin en arrière sont
donc les prémisses d'un échange esthétique dont nos
amis d'outre-Manche ont mieux profité que nous,
éternels contemplateurs de notre visage.

On nous objectera que nous avions peu à gagner,
rien à emprunter aux arts plastiques de nos voisins. Mais notre méconnaissance de ce qui se passe
chez eux est quasi monstrueuse. Ils connaissent
notre littérature; la leur, qui est si riche, pénètre à
peine quelques cercles de délicats, chez nous. Avan-
cerions-nous, par contre, que l'influence, sur les
Anglais, de notre peinture indépendante, ne paraît
point toujours favorable à l'intégrité de leur vision
native et de leur personnalité? L'attitude mentale
des artistes britanniques en face de la vie, leur idéa-
lisme sentimental : autant d'obstacles à une sincère
communion avec notre rationalisme... Le réalisme,
la brutalité de nos romanciers naturalistes les offus-
quaient. Comment Degas les a-t-il conquis? Rappe-
lons que Sickert est une exception dans l'histoire
de la peinture anglaise. Ses plus belles œuvres, il

les fit en France, où il vivait davantage que dans son
pays. On ne l'y a fêté qu'après la soixantaine.
Formé par Daumier et Degas, émule de Lautrec, ses
compatriotes voudront-ils le rattacher à Hogarth, à
certains réalistes du XVII° siècle? Non, Walter Sickert,
né d'un père allemand et d'une Anglaise, n'a
d'anglais que son *humour;* comme peintre, il appar-
tient au post-impressionnisme; situons l'intimiste et
le cruel visionnaire des « bas-fonds de la société »
quelque part entre Vuillard et Rouault. De Charles
Dickens (qu'il sait par cœur) il n'a point la sympathie, l'émotion. Mais il se vante d'être, comme
Dickens, un cockney de la *middle class.* Et quel iro-
niste! quel mystificateur trahit son envoi de cette
année à la *Royal Academy !* Il était tenu d'exposer
à Burlington House, comme nouvel associé. Malgré
ses offenses publiques à ce qui est l'Ordre et la
Hiérarchie, les honorables gentlemen, dont il avait
tant ri, pouvaient-ils l'ignorer? Le nom de Richard
Walter Sickert leur fut imposé par l'admiration de
l'élite, car il devenait un drapeau. La réponse de
l'humoriste, à la flatteuse invitation de l'ennemi
d'hier, ce fut : *Trois harengs,* trois petits poissons
dans une assiette dégringolante, et une *Tête de fille
vénitienne* sordide, aussi « provoquante » que possible. Cette chiche contribution au catalogue, il
l'accompagna d'une notice où il se prénommait

Charles, comme feignant de n'être plus lui-même, ainsi chargé des honneurs dont on l'accablait sur le tard. Très grave, il adresse au *Times* des lettres ouvertes. Du ton que prendrait un pasteur dans son *rectory* provincial, Sickert dénonce à la face des puritains les méfaits de l'imagerie moderne sur l'esprit des enfants ; il recommande pour la nursery des estampes d'après les figures élégiaques de feu lord Leighton, ce Cabanel de la Tamise. En même temps, il patronise les (soi-disant) subversifs membres du *London Group* (leurs *Indépendants*) qui sont ses disciples et imitateurs.

Donc, nous avons pu voir, sur le point de fermer, des expositions de peinture moderne : celle de Matisse, celle de Segonzac, et une collection de fleurs réunie chez Knoedler, comprenant Cézanne, Manet, Morisot, Picasso, etc... etc..., et Fantin-Latour.

On s'étonne que les amateurs anglais accrochent chez eux, à côté de toiles de Mathew Maris, de Mauve, d'Israëls, de Fantin, des Segonzac et des Dufresne. La plus grande partie de la production de ces deux derniers, Paris en fut frustré, au profit de l'Écosse. Dans aucun pays autant qu'en Écosse l'amour du tableau de chevalet n'est répandu. Chaque industriel riche est fier de montrer ses trésors. Il est de petits maîtres, tels que Monticelli, dont les trois quarts de l'œuvre y sont gardés avec jalousie. L'École d'Édimbourg est célèbre pour ses empâtements, l'usage qu'elle fait du couteau, des ocres, des bruns, des noirs ; aussi Segonzac et Dufresne semblent-ils être adoptés par des Écossais qui font peindre leur portrait par sir James Guthrie ou par sir John Lavery. Ceci, qui n'est point sans prêter à l'ironie, est tout de même explicable. De même façon, les Américains confondent Forain avec Daumier. Les colorations claires d'un Matisse, la légèreté de sa pâte, sont moins goûtées dans les régions du Nord. Les émissaires de la rue La Boétie qui portent en Grande-Bretagne des caisses pleines de tableaux, savent à qui s'adresser ; chaque école a ses protecteurs. Naguère, le culte du « fauvisme » ne se pratiquait qu'en des coins obscurs de la métropole. Aujourd'hui, ducs et marchands de whisky, clients de Diaghilew, en rentrant d'une représentation aux ballets russes, à peine troublés par le bolchevique *Pas d'acier*, dévorent les articles de Mr. Roger Fry, les romans très difficiles de Virginia Woolf. Chaque femme du monde sait qu'il est de bon ton de dire que Seurat est aussi « important » que Michel-Ange, Van Gogh que Constable. Mr. Ramsay Mac Donald, l'éminent ministre travailliste, hésite entre deux Matisse (80.000 francs, prix demandé à la Galerie Lefèvre) ; et nous apprenons que Mr. Lloyd George,

pendant la Conférence de la Paix (où il ne manœu-
vrait guère en notre faveur), proposa de faire accorder des crédits afin que le gouvernement de Sa
Majesté répandît dans les Dominions des exemples
de notre peinture. Tout conspire donc à créer pour
nos artistes d'avant-garde une situation privilégiée,
dans le pays même où des têtes de femme par Gainsborough ou Reynolds, dépassent le million, chez
Christie ; où les *dogs* sentimentaux de Landseer et
les idylles bourgeoises signées par des *Royal Acade-
micians* de l'ère victorienne battent tous les records
connus des commissaires-priseurs.

Et alors, combien l'économie générale du Plan
divin, conçu par l'Éternel accusé de tant de sévices
ici-bas, assume, à le considérer de Piccadilly, un
caractère de bienveillance et d'impartialité ! La Royal
Academy, l'*Alma Mater*, ouvre ses bras à tous les
artistes, Christie vend indistinctement leurs ouvrages ;
le public absorbe tout. Mais... s'il n'y a point de
raisons de se mesurer entre artistes, puisque
chacun reçoit sa récompense, d'où souffle donc un
vent de discorde ? Car la révolte est la condition
même du progrès. Il faut avoir l'air révolutionnaire,
même si l'on n'en a point la chanson... Seuls les
esthéticiens sonnent le bugle. La guerre est déclarée
entre des clans qui s'organisent comme des équipes
pour le cricket, elle aura un caractère sportif. De

loin, nous n'apercevons pas très clairement les couleurs des champions ; elles se confondent dans la brume. Les vétérans se sont retirés. L'illustre Augustus John, nouvel A. R. A., n'expose presque plus. Wilson Steer ne sort plus de son Chelsea. Will Rothenstein est professeur. Sickert écrit des articles, s'amuse à contempler les deux équipes, comme un vieux professionnel à la retraite, sourit, indulgent.

*
* *

Quels sont les jeunes représentants de la *gauche*, aujourd'hui, puisqu'il faut toujours un « parti avancé » ? C'est là que la question se complique. Que se fait-il de nouveau en Angleterre ? Tout ce qui est, ou veut être de gauche, bon ou mauvais, sera de style Montparnasse-Indépendants : *The French can paint !* Les Français savent peindre ! Aucun critique, même dans l'officiel *Times*, n'aurait l'audace de le contester. L'*Intelligentia* a donné le mot d'ordre. De Bloomsbury, les rédacteurs de *The Nation*, de l'*Athœneum*, du *New Statesman* lancent des messages qui ont bientôt force de loi. C'est que ces revues hebdomadaires sont les mieux rédigées, par les écrivains les plus intelligents : Maynard Keynes, Virginia Woolf, Lytton Straitchey, Desmond Mac Carthy, Roger Fry,

Clive Bell, Léonard Woolf, qui, chacun dans sa spécialité, commentent les événements politiques, écono-
miques, critiquent les livres, la musique, le théâtre,
les expositions.

La peinture de gauche ne leur offre pas de nom-
breuses occasions de s'exalter, mais les suffrages
désignent à l'admiration un grand initiateur qui est
un écrivain et une jeune femme : Virginia Woolf.
Je la classerais avec les peintres, elle en est
un, et des plus accomplis. Des peintres professionnels, le charmant Duncan Grant, Mme Vanessa Bell
sont les plus distingués ; leurs décorations font songer à Rowlandson et à nos néo-impressionnistes ;
puis viennent Porter, Adney, Fry, Nevinson, ceux-
ci entièrement subjugués par la Provence, et par nos
paysagistes de Cassis. Une infinité de suiveurs, con-
vaincus mais sans accent particulier, ne doivent leur
réputation qu'à l'esprit de corps, si agissant dans un
petit cercle d'adoration mutuelle. La moindre
œuvre de leur main sera portée aux nues ; la critique, si méprisante s'agit-il de la Droite, n'a que
respect pour la Gauche.

Nous doutons, en vérité, que l'influence française
subie par ces Britanniques puisse jamais convenir à
leur tempérament. Les inféodés au *London Group*,
dont nous avons déjà parlé, nous semblent faire
erreur. Ils n'ont pris à Sickert que ses systèmes, et

non la fine technique de ce paysagiste de la grande
lignée des Canaletti et des Corots. La majorité des
Anglais, professionnels ou non, qui ne prisent plus
que nos écoles d'avant-garde, ont été plus attirés
par la bizarrerie (*quaintness*) que par des vertus de
construction et de style. Ils sont éblouis, comme des
papillons de nuit, et volent autour d'une lampe. Gare
à leurs ailes !

INFLUENCE DES BALLETS RUSSES

UN PEINTRE MYSTIQUE : STANLEY SPENCER[1]

Le succès des Ballets russes à Londres, depuis
bientôt vingt ans, aura eu des répercussions infinies
sur la jeunesse intellectuelle ; l'influence de Léon
Bakst sur les modes, sur l'ameublement, à Paris, fut
faible si on la compare à ce qu'est sur les peintres
anglais celle des décors de Derain, Picasso, Matisse,
Utrillo, commandés pour des ballets de Diaghilew.

Quand les Anglais disent « peinture française »,
notez, et ce n'est pas sans prêter à rire, qu'ils songent
à Moscou, à ce qu'ils confondent sous le terme *bol-
chy*. Le fruit défendu, attrayant comme une drogue !

Depuis la guerre, le public du music-hall, comme

1. *L'Art Vivant*, octobre 1927.

le public des théâtres élégants qu'a loués tour à tour
Serge de Diaghilew, s'est habitué à voir, en guise
de *rideau*, des toiles héroïques qui étaient de véritables manifestes picturaux. La musique, et surtout
la danse dont les Anglais raffolent, devinrent les com-
plices du cubisme pictural. La toilette féminine, les
images de magazines, les affiches ont suivi le train. Il
n'est que de parcourir les comtés de l'île plantureuse,
peignée, fleurie, pour constater cette influence. Sur
le bord des routes « artérielles » de trente mètres
plus larges que nos routes nationales, dans les bourgs,
dans les villes pleines des restes du passé, ce ne
sont que rangées de maisons du XVIII° siècle, ou de
l'époque « georgienne », villas, cottages. Elles ne se
distinguent les unes des autres que par la couleur
des portes, des windows, des rideaux. Les fenêtres
sont-elles ouvertes sur un parloir, sur une chambre,
alors vous ne pouvez qu'être frappés par la hardiesse
des colorations ; tout est du genre Ballet russe.
Nulle part, sur le continent, il n'y eut pareille folie
pour la couleur, le bibelot, les essais de combinai-
sons cocasses, de violents contrastes, afin d'égayer
des logis enfumés, trop souvent privés de soleil :
souci de retoucher et de rendre plus riant le décor
d'une existence laborieuse, dans un climat peu
amène.

L'invention picturale et linéaire, cherchons-la

ailleurs que dans les expositions. S'il est peu de tableaux dignes d'être appelés, à la française, « bonne peinture », il y a de l'ingéniosité, de la fantaisie un peu partout dans la décoration. Le cubisme, le « fauvisme » ont remplacé le whistlérisme. Les jeunes filles, en brodant des coussins, en tricotant des chandails, croient s'inspirer de Picasso. Les dames, les vieux professeurs, les ecclésiastiques, dont les pères « lavaient », en voyage, des aquarelles à la façon du génial amateur Brabazon ou de Ruskin, risquent de fantasques bariolages « post-impressionnistes » sur des albums, des paravents, des étagères et des tables à thé.

Quant au cézannisme en Angleterre, n'amorçons pas ici un chapitre sur ce phénomène local qu'il n'est pas temps encore d'étudier. Si les Anglais prétendent que les Latins ne comprennent rien à leur sensibilité, il nous serait loisible de leur répondre d'une même encre. Mais chaque fois que nous avons visité des *Sécessions*, en Allemagne, en Autriche, en Italie, nous nous sommes étonnés des divisions que l'on faisait, en ces pays, entre artistes *avancés* et artistes *rétrogrades*, entre les bons et les mauvais. Pure convention, question de personnes, d'entourage. Le plus souvent, la ligne de démarcation échappait à nos sens. En Angleterre, malgré l'habitude que j'en ai, je commets des impairs que l'on impute à une intention maligne.

Nous parlions des peintres nouveaux. Franchement, quelle étiquette piquerons-nous sur Stanley Spencer (l'artiste le plus discuté en ce moment) ; sur son frère Gilbert Spencer ; sur John et Paul Nash, et sur cet Henry Lamb, que l'*Intelligentia* de Bloomsbury répudie ? Ils sont tout à fait anglais. On me dit : « Vous avez aussi vos prix de Rome révoltés. »

* *

Quand l'État commanda des toiles guerrières aux frères Nash, ainsi qu'à quelques autres artistes combattants, pour le *National War Museum,* les Académiciens se rebiffèrent contre cette décision hardie. Achevées, ces peintures firent beaucoup de bruit ; elles ont le rythme que donna la guerre à toutes les nations combattantes ; mais leur composition, le sentiment qui en émane ne pouvaient pas être confondus : cela portait la marque *Made in England.* Au premier aspect, la stylisation des uniformes, des engins, des arbres sans feuilles, ébréchés ou guillotinés par les obus, rappelait les formes cylindriques, la quincaillerie de notre Fernand Léger ; les teintes plates, l'absence d'ombres et de lumières : le cubisme. Mais, de même, les miniatures de missels, les peintures d'un Fouquet ou d'un Fra Angelico sont sans

modelé intérieur, d'un même ton. L'influence de
Breughel, d'Ucello s'atteste dans les gestes; celle
de la Renaissance italienne dans la perspective spa-
tiale, la gradation des plans. Souvenirs de musées,
oui ! mais quel artiste jeune n'en est hanté quand il
a le sens du beau et quelque culture ? Le pastiche,
l'imitation du moins, qui donc les éviterait aujour-
d'hui ? Souvenirs inévitables, qui conditionnent l'acte
de créer des œuvres en connaissance de cause, sans les
aléas de l'empirisme, après des millénaires d'infatigable production. Certaines formules se répètent de
siècle en siècle, avec parfois un talent d'exécution si
habile que les érudits disputent sur l'authenticité
d'un document préhistorique. Originalité, invention
sont des mots qui changent de sens, selon les circonstances et les besoins d'une civilisation. Ce qui
devrait être une *constante* parmi les autres valeurs
de plus en plus mal définies, *id est* le talent de
l'ouvrier : il n'en est plus question. « Notre signe,
disait Canudo, c'est la Religion du Rythme. » La
religion des grands maîtres n'était pas si mono-
théiste.

Hormis Luc-Albert Moreau, peut-être, aucun de
nos peintres-soldats n'aura senti, commémoré plastiquement les horreurs mornes de la France envahie,
avec autant de dignité que les frères Nash, que les
Spencer et Lamb. Nous songeons en particulier à

l'arrivée d'un convoi de blessés à l'ambulance. Dans notre musée de guerre, nous n'avons que des anecdotes mélodramatiques, photographiques, qui pourraient dater de 1870-1871, si le bleu horizon et le kaki ne remplaçaient les uniformes multicolores du second Empire. Les toiles anglaises dont nous parlons, sont décoratives, sans rien d' « officiel ». Aux Anglais fut épargné ce style vulgaire qui est, chez nous, une tradition, s'agit-il des commandes de l'État.

Quand Gustave Geffroy dirigeait la manufacture des Gobelins, ses amis crurent qu'il renouvellerait l'esprit qui présidait au choix des artistes chargés de décorer mairies, hôtels de ville, ministères, Sorbonne. Pensa-t-il aux cartons de Puvis de Chavannes? Que non pas! Il manda des Chéret, des Willette (je ne parle pas des membres de l'Institut, des prix de Rome...) et un gobelin gâta sa vue à échantillonner des soies se rapprochant des inanalysables tons que décomposait Claude Monet dans ses pétales de nymphéas. Cette gageure fut la trouvaille d'un homme de lettres « révolutionnaire ». Sans doute, s'il avait été directeur, en Angleterre, d'une manufacture de tapisseries, il eût jugé les tableaux que nous citions plus haut comme les juge *l'intelligentia* britannique, c'est à savoir, réactionnaires.

*
* *

Empruntons à un critique d'*Apollo, A Journal of the Arts*, ces lignes sur Stanley Spencer : *Tout le monde sait que, pendant le XIXe siècle, une grande école de peinture fut l'apanage du pays qui est de l'autre côté de la Manche. Il est probable qu'il en est encore de même. Elle s'est si puissamment emparée de nos jeunes générations, elle les a tant éblouies, qu'il n'y a qu'une faible partie de leurs ouvrages qui ne soient pas inspirés par l'étranger. Les plus honnêtes s'appliquent à exécuter des pastiches, souvent scolaires, intelligents, de goût sûr, selon la manière des maîtres français. Les moins honnêtes, avec plus de profits pécuniaires, les pillent. Stanley Spencer est réfractaire à cette fascination. Si l'influence de l'impressionnisme peut être reconnue dans la manière dont il traite la lumière et l'ombre, Spencer n'en est point conscient. Comme on l'interrogeait sur les tendances avancées des Français et des Anglais, il dit : « Je ne puis mieux vous répondre que ne ferait une femme de ménage. En pension, je n'ai jamais étudié les mathématiques supérieures, et donc, j'en ignore tout. Je suis tout bonnement incapable de comprendre la peinture moderne. »*

Il y paraît peu, selon nous. Mr. Stanley Spencer, qu'il le veuille ou non, semble avoir tout vu de ce qui se fait chez nous et en Allemagne. Et quel enfant, élevé dans les campagnes les plus reculées, n'a pas aujourd'hui regardé des images ? Le voudrait-on, qu'il n'est plus possible d'avoir un œil vierge. La vision de Spencer, le préraphaélitisme anglais l'a formée. Ses aspirations mystiques doivent être à la base des affinités, que nous discernons chez lui, avec la confrérie des préraphaélites ; aussi bien, c'est parce qu'il aime et continue l'esprit de ceux-ci, que ses tableaux nous semblent intéressants ; ils répandent un parfum de terroir. Ses paysages sont une interprétation symbolique de Cookham, son pays, qu'il sent et rend avec l'intensité et l'ardeur que Thomas Hardy, en ses romans, met à nous évoquer son Wessex. Il en va de même de son frère Gilbert, le paysagiste. Fils et petits-fils d'un fabricant de briques et d'un maçon, les frères Spencer bâtissent des cubes, construisent des terrains au cordeau et au fil à plomb ; cela est solide, pesant, géométrique. Le *Christ allant au Golgotha* franchit un pont tout neuf ; pour l'accompagner, les anges sortent de maisons aux fenêtres carrément percées dans des murs de briques bien jointoyées ; la divine Croix est équarrie par le charron, les échelles du supplice sont fournies par le bon charpentier du bourg.

Le brave père des Spencer avait une passion
pour l'astronomie et la musique. On se croit, en
lisant la biographie des Spencer, transporté parmi
les héros des *Wessex Novels*, chez *Jude l'obscur*.
De son père, Stanley a hérité le goût de la musique.
Le duc de Westminster, qui avait un domaine près
de Cookham, remarqua le jeune artiste et l'envoya
en Allemagne compléter son éducation. Il devint professeur à Cologne, poste suffisamment rétribué pour
que Spencer fît suivre les cours de dessin de la Slade
school à son frère cadet, Gilbert.

Voici des garçons bien anglais; ce ne sont pas
eux qui vont aller flâner à Paris dans les ateliers où
l'on cause plus qu'on ne travaille. Stanley a appris
l'alphabet au bout du jardin de son père, à l'école
du village dont ses sœurs étaient les institutrices.
Quand il s'est mis à dessiner à l'encre, il a illustré
des contes de fées; ses compositions fantastiques ont
la fantaisie populaire, clownesque, des pantomimes
qui se jouent à *Christmas*. Les Spencer sont de
fermes libéraux, lecteurs de la *Westminster Gazette*,
Stanley griffonne des caricatures de Joe Chamberlain,
dont le nez ressemble à celui de Punch. Ensuite, à
seize ans, il est ému par la précision et la gravité des
illustrations de l'*Histoire naturelle* de Selborne. A
l'Institut technique de Maidenhead, l'enseignement
du dessin et de la peinture, conventionnel, tâtillon,

le rebute ; il n'en est que plus exalté pour la nature. Jusqu'à la guerre, il observe, il s'interroge. Que sera-t-il ? Soldat, il part pour la Macédoine. Comme tant d'autres, le silence, l'inaction dans la sinistre atmosphère du front le bouleversent, son mysticisme le sauve du désespoir. L'art idéaliste qu'il a mission de faire se précise au bord des charniers.

The Resurrection, aujourd'hui à la Tate Gallery, est peut-être le tableau qui frappa le plus le public et les critiques, quand Spencer l'exposa après tant d'ouvrages exécutés depuis la guerre. Ni Augustus John, ni les frères Nash n'avaient rallié autant de suffrages, de droite et de gauche. Nous ferions, quant à nous, plus d'une réserve sur la qualité picturale de *The Resurrection*, morceau d'une régularité de dessin un peu trop mécanique, d'une gamme toute prête pour la gravure en couleurs ; mais si nous n'aimons pas ces schématisations arbitraires, néanmoins il serait honnête de défendre les vrais dons de Spencer contre le dédain de ses camarades et d'esthéticiens tout aveuglés par ce qui leur vient de Paris, dénationalisés. *Être de sa race, avant tout !*

Le cimetière d'une petite église de campagne dans la vallée de la Tamise ; des tombes blanches ; des couronnes ; des fleurs comme dessinées par un enfant. De chaque cercueil ouvert et dressé contre les monuments, des figures surgissent, en robes de nuit blanches; d'autres, habillées de noir, se réveillent. Une sentimentalité pieuse de nursery, une poésie de *Christmas card* se marient à un l'on ne sait quoi d'outré, de bouffon, qui est de l'humour anglais, mais qu'on retrouve dans la statuaire gothique.

Il serait profitable de comparer les scènes bibliques, telles que *The Betrayal* (le baiser de Judas) de Stanley Spencer et celles que traite maintenant Maurice Denis. Deux hommes d'une égale ferveur, épris des mêmes traditions esthétiques, nourris des mêmes textes, reprennent, à la moderne, les sujets éternels de la peinture religieuse. Leur pinceau obéit à leur foi; pour eux, la peinture est moins une fin en soi-même qu'un moyen d'édification spirituelle.

« *Le roc sur lequel repose l'art de Stanley Spencer est le christianisme traditionnel : quoique l'artiste n'appartienne à aucune confession définie, à aucune secte, il est convaincu que, toutes, elles se réconcilient dans l'art. L'art et la littérature païens, s'ils l'ont toujours profondément intéressé, n'ont pas eu d'influence sur son œuvre; son inspiration, elle lui vient du Nouveau Testament et de la nature. Aussi spontanément que Memling, à Bruges, et que Masaccio, à Florence, les personnages*

*de la Bible, il les aperçoit auprès de lui : des gens
de son temps, en jaquette, en jupes courtes. »*

** **

Au détriment de tant d'autres, pourquoi avoir
choisi Stanley Spencer en ces notes cursives ? Il est,
certes, toute une phalange que l'on pourrait opposer
à celle du *London Group* et des soi-disant *Indépendants* de Bloomsbury. Nous avons voulu conclure
ces courtes notes sur la peinture moderne anglaise
à Londres, par quelques lignes sur celui qui se refuse
ingénument à adopter les dernières modes continen-
tales. Spencer est le plus en évidence, présentement,
et le doyen des « jeunes » non académiques, qui
parlent leur langue maternelle, bien qu'enrichie de
quelques locutions étrangères.

DADA[1]

Nous nous demandions, en 1919, ce que serait l'état d'esprit des jeunes artistes, au lendemain de la guerre. Si des manifestes d'écoles, autant que des expositions, commençaient de nous fournir quelques indications, aujourd'hui nous sommes en cela renseignés. Aussi bien nous paraît-il indispensable de participer à la vie des jeunes artistes, même dans ses manifestations les plus outrancières, et, quitte à être blâmé par M. Abel Herment, qui semble croire que l'importance du *cubisme* n'a que la proportion que nous lui accordons en parlant de ses adeptes, je les ai suivis d'un œil particulièrement attentif et, je l'avoue, avec sympathie jusques et y compris le mouvement « Dada », qui est une manière d'être, une attitude d'esprit, plus qu'une esthétique. Je crois avoir été le premier à en approuver le sens

1. *La Revue de Paris*, mai 1920.

politique et social dans la presse parisienne. Les dadaïstes sont sincères ; ils crient bien haut à la foule : « Rien ! rien ! rien ! » et nient tout en bloc.

M. Tristan Tzara et sa bande, après une première séance au Salon des Indépendants, où les numéros du programme avaient tourné en charges d'atelier, se transportèrent, dit-on, devant un vaste public populaire, et « les conversions se produisirent par douzaines ». Le grand souffle bolchevique, *l'esprit nouveau* est reconnu là par des ouvriers ingénus. Combien ce mouvement va devenir formidable ! Il faudrait pourtant définir ce qu'est le sens caché du *dadaïsme*, du cubisme, et de ces diverses formes un peu déconcertantes à première vue qu'a prises la vie intellectuelle depuis la guerre, chez une jeunesse victorieuse et si peu vaine de ses victoires qu'elle ne souhaite que de les faire oublier.

Écoutons les propos de certains jeunes hommes, soutenant que nous sommes las de « penser en beauté ». Il faut s'entendre sur cette formule, mais je n'en ai pas ici le loisir et ce serait une étude plutôt de critique littéraire, où MM. Barbusse et Duhamel tiendraient le premier plan. Les revues et les journaux français ont certes abusé de la grandiloquence et des poncifs nobles, jusqu'à dégoûter de l'héroïsme certains héros véritables ; bien plus, il faut reconnaître que la déception est grande, chez la plupart

de ceux à qui l'on avait tant promis, et qui s'atten-
daient à n'avoir plus, la victoire une fois gagnée,
qu'à s'épanouir dans un Eldorado où les découvertes
scientifiques, dues à la guerre, serviraient enfin à
accroître le plaisir sinon le bonheur des hommes, à
faire vivre plus intensément ceux qu'elle n'avait pas
détruits.

Nous avons vu, dès après l'armistice, la jeunesse
se lancer à nouveau sur les routes, dans des voi-
tures magnifiques, plus rapides et plus confortables,
« boire » l'obstacle et les kilomètres, s'enivrer de
vitesse et de l'usage de leurs ailes retrouvées ; les
Salons de l'Automobile, puis de l'Aéronautique,
furent des triomphes ; on entrevoyait déjà un tour
du monde à accomplir en quarante-huit heures. Certains partirent ; trop vite parvenus à destination, et
trop vite de retour, ils se lassèrent d'un sport facile,
fatigant néanmoins. Pour tout dire, la réduction
des distances supprima l'intérêt du voyage. L'intérêt, voilà ce qui semble partout épuisé, et l'on se
bat les flancs pour en renouveler l'aliment. Mais
n'est-ce point notre *réceptivité* qui serait saturée ?

Un jeune homme très distingué, très cultivé et
complètement indépendant, comme je m'étonnais de
ne pas le voir reprendre les travaux de haute spé-
culation où auparavant il semblait devoir exceller,
de si haut m'avouait être tombé si bas, depuis la

guerre, à laquelle il s'était dévoué corps et âme, que les mots *Intelligence, Beauté, Culture, Art, Littérature*, avec majuscules, lui faisaient lever les épaules de pitié.

Un jour que devant lui je tenais dans mes mains un numéro de je ne sais quel journal, où quelque membre du *parti de l'Intelligence* déclarait la culture française, sous la forme de revues de philosophie et de sciences, menacée par la crise de l'imprimerie, mon jeune ami s'esclaffa : « Tant mieux, dit-il, nous en avons assez ! » et son ironie, son dégoût, presque, pour les musées (le Louvre venait de rouvrir), pour la littérature qu'il appelait « de Beauté », citant ironiquement les ouvrages de M. Duhamel ; son peu de patience — il est très musicien — pour la musique de César Franck et de Beethoven, le rendaient affreusement nerveux et dur dans ses jugements sur tout ouvrage contemporain dont la durée dépassait cinq minutes. J'étais bien près d'être de son avis...

Il me dit encore : « Nous sommes trop pressés pour écouter des discours. Rien ne dure plus ; un ménage est vieux au bout d'un an, se rompt comme une passade ; tout est si rapide, comment voulez-vous qu'on écoute une pièce en quatre actes, un opéra, une symphonie de Beethoven ? »

J'aime autant vous dire que ces tristes aveux m'étaient susurrés très bas dans un couloir de théâtre, pendant les répétitions du *Bœuf sur le toit*, de M. Jean Cocteau, en qui réside l'esprit de l'époque.

Neuf heures du matin... Une salle vide... M. Eric Satie, dont on a répété trois petites *Pièces montées*, murmure dans sa barbe des choses comiques, ou profondes, *ad libitum*. Un petit orchestre s'accorde et attend. De respectables messieurs, comme M. Satie et moi-même, se promènent en manches de chemise sur la scène, où la moitié d'un décor, un bar peint par M. Dufy, est planté, de travers (naturellement). Ces vieillards charmants sont les clowns Fratellini et le fils de Footitt ; l'arrière-petite-fille de Chocolat est assise près de moi et de Mme la comtesse de Beaumont, organisatrice de ces menus-plaisirs pour le *gratin* cosmopolite. On attend. Dans les répétitions on attend beaucoup. On attend les parties de violon, la partition de M. Darius Milhaud. On attend les têtes de carton, les gigantesques têtes tragiques, sinistres et merveilleuses, que vont porter MM. Fratellini, Footitt fils et le nain de chez Médrano. Elles sont de Fauconnet et de Jean Cocteau ; je reconnais là le dessin et la déformation spéciale à l'auteur des « Eugènes ».

M. Auric s'impatiente et fait répéter par l'orchestre l'énorme fox-trot, compliqué et discordant, que ce jeune et célèbre compositeur (l'un des six élus de M. Cocteau) a spécialement écrit pour le *Bœuf*

sur le toit. Et nous assistons à un spectacle angois-
sant : la « mise en place » du fox-trot par M. Jean
Cocteau qui, avec sa grâce, son art minutieux, règle
les mouvements, rééduque ses interprètes. Ces
graves, pénibles, passionnantes répétitions, pour
une bouffonnerie macabre, ce qu'on appelle un
« sketch », de vingt minutes, c'est par douzaines
qu'on les compte ! La vie d'une trentaine d'artistes,
les meilleurs d'aujourd'hui, et d'autant d'amis, de
zélateurs, peintres, sculpteurs, poètes, musiciens,
amateurs et gens du « gratin révolté », tous les jours,
tous les soirs, toutes les nuits, à déjeuner, à goûter,
à dîner, à souper, entre Montmartre et Ménilmontant, est entièrement prise, divertie, charmée,
épuisée, par le service qu'exige une Muse nouvelle. La dixième est la Muse du cirque, du
morne dancing. En ces *hauts lieux*, selon l'expression biblique, l'humanité désaxée frotte sexe contre
sexe, balance hanches, vire solennellement, ronde
symbolique, muette, autour d'une invisible tête de
Iochanaan, lequel, dans le bar du *Bœuf sur le toit*,
M. Jean Cocteau costume en policeman américain.
Les buveurs de cocktails se vengent sur cet officier
de ce que tout autre breuvage que le lait leur soit
interdit.

Muse nouvelle ? Cette conception moderne de
l'Art, de la Beauté et de la Joie — si révoltante

pour tant d'esprits qui se croient normaux — elle se présente sous la conduite du manager Jean Cocteau, avec une solennité bouffonne dans une caricature triste des lieux de plaisir.

Il est quelque peu déconcertant, aussi, que rentrés chez eux des musiciens de talent, des artistes inventifs, se livrent à un gaspillage d'esprit, ne se quittent que pour dormir, après avoir parodié des scènes d'opéras wagnériens, des mélodies de Schumann et jusqu'à des quatuors qu'ils exécutent avec un manche à balai et une chaise. Le poète reconnaît son frère en le personnage du clown.

Amusement paradoxal, mais qu'il est plus commode d'accepter si l'on veut participer à la vie de ces temps. Deux principes, antinomiques en apparence, engendrent un art où s'exprime un besoin effréné de jouissance et une lassitude qui supprime la moitié des gestes et des paroles.

Parallèlement, nous voyons se dévevopper un art austère et dépouillé, où le créateur (peintre ou musicien), impitoyable pour lui-même, s'impose des restrictions, des règles si subtiles, qu'elles en deviennent invisibles. L'esthète trop raffiné se fixe des œillères et un caveçon, comme un cheval de haute école; il paraît enfin sur la piste, le col encapuchonné par la martingale afin qu'il ne porte au vent et ne donne de la tête... Ces exercices d'aca-

démie, ce travail, cette technique ne peuvent satis-
faire que des gens du métier. Que nous réserve
l'avenir ? Le « cubisme » aura-t-il un lendemain ?
Les docteurs disputent. Écoutons, regardons en
témoins. Il se fait aujourd'hui autant d'articles, de
conférences, de préfaces, que d'œuvres d'art.

Comment l'historien classera-t-il les ouvrages
produits après la grande guerre par des artistes de
toute nature, mais réunis sous les vocables vagues de
cubistes, ou de *modernes* ? Nous discernons parmi
ceux-ci autant d'esprits romantiques que de classiques.

** **

On s'étonne — et on m'en fait grief — que je
semble exclusivement préoccupé de mouvements
dits « d'avant-garde » dont je serais un peu la dupe.
A défaut d'admiration, jouissons de notre surprise ;
elle ne durera peut-être pas longtemps.

Je connais des peintres, jeunes encore, en qui je
crois distinguer les ouvriers d'une saine renaissance
du *métier* de peintre, et qui visent au grand style.
Je vois aussi du goût, de l'intelligence, un sens artistique très répandu, mais point de maîtrise, à moins
que l'on n'appelle ainsi le savoir-faire et l'habileté ;
et c'est en protestation des vieilles formules de l'aca-

démisme autant que de l'anti-académisme, qu'au milieu d'une foule qui ne voit plus, n'entend plus, et se gorge d'Art, j'applaudis au « Rien! Rien! Rien! » du manifeste Dada, et à ces phrases :

« Vous ne comprenez pas, n'est-ce pas, ce que nous faisons. Eh bien, nous le comprenons encore moins. Vous ne comprenez pas? Moi non plus, comme c'est triste! A priori, c'est-à-dire les yeux fermés, Dada doute de tout : le Doute. Dada doute de tout. Dada est tatou. Tout est Dada. Méfiez-vous de Dada.

Signé : Aa l'antiphilosophe. »

Quand ils auront tout mis à terre, peut-être reconstruira-t-on quelque monument de pureté et de solidité ?

S'ils veulent faire table rase, s'ils n'ont plus aucun respect, ces jeunes hommes, ne serait-ce pas qu'il y a peu d'œuvres qui s'imposent à leur admiration? Ils n'ont pas de chefs, plus de « patrons » à suivre, et ils ont entendu louer depuis leur naissance, avec le même enthousiasme verbal, des platitudes académiques comme des platitudes « avancées ». A la médiocrité, ils préfèrent leur « Rien, rien, rien ». Et c'est ainsi que leurs plaisanteries, leurs farces,

leur gaîté, se teintent malgré tout de la mélancolie
des bars, des danses pesantes et graves de cette
époque inquiète[1].

1. Ce qu'on a appelé le surréalisme est sorti de ce mouvement
initial de négation. Des œuvres remarquables, signées cette
fois-ci, de certains poètes, tels les Aragon, les Breton, les
Éluard, etc., qui ont fait partie du mouvement dada, les purs,
les incorruptibles, qui rejetèrent de leur sein tous ceux qui n'ob-
servaient pas les stricts principes de leur éthique exigeante, se
sont attestées comme les plus distinguées d'aujourd'hui.

LA REVUE NÈGRE[1]

Je passais par Paris. C'était un jour triste d'automne, un des rares jours froids de cet octobre trop doux qui n'annonçait pas le rigoureux hiver dont il fut suivi; la politique, les projets financiers à peine connus, déjà provoquaient une fièvre panique à la Bourse. Le franc tombait à rien, la grande échéance tant de fois annoncée semblait toute proche. Ce serait, disait-on, la banqueroute d'ici peu. Les nouvelles de Syrie étaient mauvaises, une grande crise ministérielle se dessinait. Les magasins se vidaient d'acheteurs, hormis ces étrangers qui encombrent restaurants, hôtels, bloquent de leurs autos la rue de la Paix. Ce fut un lieu commun parisien, après la guerre, de se plaindre de n'être plus chez soi. On a cessé de se plaindre; notre langue se fait discrète, se simplifie au commerce des gens de couleur, des Orientaux. Des

1. *La Revue Nouvelle*, février 1926.

Cassandres prétendent que notre pays appartiendra bientôt à tous les peuples, sauf le nôtre, que notre nationalité se dissoudra en quelque sorte, absorbée par de plus jeunes. Telles étaient les sinistres pensées où je m'abandonnais en parcourant la ville, dans les tramways et le métro.

Par scrupule, j'avais voulu revoir l'Exposition avant sa fermeture. M'étais-je trompé ? Découvrirais-je enfin quelque nouveauté, comprendrais-je les raisons d'un succès que d'impérieuses notes officielles, pareilles dans tous les journaux, signalaient comme un triomphe de l'art et de l'industrie « modernes » ? Je ne fis que la traverser, cette exposition qui se lézardait ; elle était lugubre. C'était un jeudi. M'avisant qu'on devait jouer en matinée au théâtre des Champs-Élysées la *Revue Nègre*, dont les peintres s'entretenaient, je tentai d'y trouver place, quoiqu'on m'eût dit que, sans en retenir une d'avance, je devrais y renoncer. Quel public remplirait la vaste salle des frères Perret, devenue music-hall, comme je l'avais prédit, alors que j'imaginais un trapéziste en maillot rose se lançant vers les peintures de Maurice Denis qui décorent le plafond ? (*Dates. — Propos de Peintres*, vol. II.)

Heureusement, il était tard ; si je n'obtins qu'un strapontin, du moins n'eus-je point à subir toute la première partie du programme : équilibristes, clowns,

girls, toujours pareils, invariablement anglais, américains, suisses, merveilleux certes, mais tous si
merveilleux qu'on ne sait plus faire de différence
entre eux. Chaque « numéro » ce fut une « girl »
qui le cria, porteuse d'un carton muni d'un gros
chiffre : « Niouméro houit! niouméro onze! »
Pirouettes, jambes, cuisses roses, cheveux d'étoupe,
et la voix vinaigrée de ces aguicheuses d'âge indécis!
Une théorie d'autres gamines chantaient et dansaient
des one step, sur le proscenium. Elles sont toutes
pareilles, de Londres à Yokohama. Comme j'en
avais trop vu, de ces girls, pour les regarder avec
amusement une fois de plus, je me rabattis sur le
spectacle plus nouveau du public. J'observai mes
voisins. Les visages ne trahissaient aucun sentiment.
Des demoiselles mûres, de vieilles dames chaperon-
nant des collégiens et des fillettes, plongeaient la main
dans une pochette-surprise, suçaient une sucette, d'un
air vacant, trop détachées pour applaudir les tours
de force et de grâce par quoi des jongleurs, des gym-
nasiarques prodiges attentaient à l'impassibilité de
l'assistance. Saint-Granier, seul à parler notre langue,
semblait impuissant à faire entendre ses intentions,
les soulignait comme nos acteurs croient bon de le faire
en leurs tournées départementales ou étrangères.

Jadis, un Parisien, en tout endroit public, s'il ne
savait pas les noms, repérait quelques figures de

connaissance. A présent, peine inutile! qu'il ne
cherche pas à démêler la provenance, la profession
des spectateurs, au théâtre. Du parterre jusqu'au
fin fond des étages supérieurs, de ces individus sans
profession qui n'ont apparemment rien d'autre à
faire que de tuer le temps au music-hall et sur les
champs de course. Derrière moi, une mère et sa fille,
en deuil, l'air navré, me rappelèrent ces deux tour-
-terelles aveugles des ans, perchées à la porte du
bureau d'un chef de gare pitoyable qui les sortait
au passage des trains, pour les distraire. Devant moi,
sous un trapèze accroché au cintre (les cordes du
trapèze barrant la « Musique Sacrée » de Maurice
Denis, peinture déjà ternie par la fumée des cigarettes), un tas de chairs massives, un dos gigantesque de fort de la halle, s'interposait entre
mon œil et la scène. Cette nuque, ces épaules
de charcutier, ne bougeaient pas. L'homme et son
compagnon — je pus les observer, de face, pendant l'entr'acte — avaient des bagues splendides,
le ventre enguirlandé de chaînes d'or. Ils fumaient
cigare après cigare; se taisaient, digérant quelque
plantureux repas pris au cabaret à la mode; ils
dîneraient de même, avant de repartir pour leur
Midi, ce soir. Mais je notai des touristes, et surtout
de ces étrangers pauvres qu'un emploi lucratif
enracine chez nous; ceux-là dix fois plus nombreux,

selon les statistiques, que n'était l'élégante clientèle cosmopolite des galas du Ballet russe, avant 1914.

Vaine tentative, je le regrettais, pour surprendre une opinion de quiconque, sur quoi que ce fût. A ma droite, à ma gauche, d'inclassables personnages, muets comme mes deux méridionaux, assommés par la chaleur, achetaient tout ce que leur proposaient des vendeuses de programmes, de photos, de friandises. Et ces rangées de citoyens de l'Univers avaient payé au moins cinquante francs, chacun, son trône au velours jadis rose, aujourd'hui couleur de cendre — cinquante francs qui, par habitude invétérée, restent cinquante pièces d'argent pour nous autres vétérans d'une civilisation abolie, oui, cinquante et non douze, trois francs, peut-être, pour certains de nos hôtes. Des bouts de cigarettes jonchaient le tapis usé des galas de naguère.

Dans l'intervalle de la première et de la deuxième partie, fatigué de visions déjà banales, je me promenai dans les couloirs mornes. Les sons rauques, grinçants mais voilés, d'un autre orchestre, m'attirèrent. Sur la galerie du vestibule, devant des fresques néo-archaïques, mythologico-symboliques, se démenait un jazz de noirs, plus déformés, plus hagards que les figures de Bourdelle; rythmes syncopés, tintamarre du plus fol des jazz, vrombissement des sirènes, vous invitez les morts à une danse macabre

polynésienne! Des demi-vivants, attablés en silence,
buvaient des cocktails; des garçons polyglottes leur
débouchaient des magnums de champagne. Si c'est
là ce qu'on appelle s'amuser, cette frairie manque de
joie! Que la folie bachique des matinées du jeudi pour
lycéens, notaires, ménages banlieusards et métèques,
gardait donc un caractère familial! C'était bien,
en vérité, l'ordinaire rite de ces fêtes diurnes de
semaine, mais stylisé; et je dus reconnaître en cette
chambrée les aficionados naïfs du music-hall, venus
en ces lieux équivoques chercher un plaisir plus
anodin que celui qui m'y attirait.

Les théogonies mythologiques, ambitieuses peintures du statuaire Bourdelle; l'austère architecture
d'Auguste Perret, servant de fond aux silhouettes
des singes du jazz noir, des barmen et des goûteuses
en jupe-bébé, ce n'était pas si mal, déjà, comme
préparation à la Revue! Il y aurait mieux, cependant,
tout à l'heure, dans la salle. Les loges de corbeille,
en général vides, quand elles ne sont pas garnies
comme Diaghilew savait les remplir, certains soirs de
« première », étaient combles; vestons, casquettes
d'auto, gabardines; le tabac étend ses spirales de
fumée sur les marbres, les ors, estompe les dieux,
les héros, les muses, que figura Maurice Denis dans
les compartiments du plafond; le Parnasse s'enveloppe d'une brume crépusculaire de Walhalla. Vous

prendriez le calice du Saint-Graal pour un bock, les hamadryades pour des « girls » en jupe gris souris.

Mais la sonnette annonce le premier acte de la revue, le rideau va solennellement s'écarter, comme à Bayreuth. Prélude court, par le Hopkins Charleston Jazz Band. Puis trépidation, tourbillon sans répit pour l'œil. Où sommes-nous? Dans le Far-West? A la Havane? Au Salon des Indépendants? En Floride? Verts électriques, verts émeraude, véronèse, jaunes citron, roses brûlants, cerise, vermillon, cadmiums, quelle ivresse de colorations barbares... L'enchevêtrement des jambes, l'entrelacs des bras, ne se débrouillent que si vous prenez comme point de repère les couleurs hurlantes qu'arborent les femmes et que coupent les beiges, les teintes neutres, les bleus froids, le drap noir des habits d'homme. Le cuirnoir des têtes féminines, les chevelures huileuses, pommadées, calandrées comme du chintz, ont des volumes instables, les contours sont vagues, les lignes sont rompues par le jeu de projecteurs à rayons giratoires qui s'y reflètent tour à tour. Point de repos pour l'œil ni pour l'oreille. Le rythme haletant, sautillant, hoquetant, du jazz, les sonorités perçantes, nasillardes et voilées par un tampon de caoutchouc, sont la contre-partie sonore de ces tableaux que d'aucuns croiraient dus au hasard de l'improvisation mais qui — sait-on? — sont peut-être réglés au métronome.

en un prodigieux synchronisme, comme les farces
de clowns et les ballets russes. L'intolérable fatigue
qui pourrait résulter de la tension du spectateur,
tous ses sens étant titillés à la fois, lui est savamment
épargnée néanmoins. Les détails pourront paraître
exquis ou affreux, mais ils se fondent dans un
ensemble d'une harmonie inattendue, presque jamais
commune. L'unité de style, qui manque à nos revues,
existe dans celle-ci. Nos jeunes peintres s'efforcent,
trop souvent en vain, de réaliser avec leur palette,
par raisonnement, ce qu'une costumière, miss Caro-
line Dudley, le chorégraphe Louis Douglas, et un
jazz nous apportent de Chicago : une « production »
étrangement sophistiquée, allais-je me dire, de retour
chez moi — mais qui, sur le « plateau », fait illusion,
semble naïve.

Cette « show » américaine se trouve être une des
expressions, qui restent à analyser, de l'art contemporain. Un enfant d'aujourd'hui qui commence à
faire de la peinture ou de la sculpture, n'a point,
ne peut plus avoir l'œil vierge. Il n'est plus de pâtres
comme Giotto. Combien de mères, tout orgueilleuses
de leurs fils, s'en vont consulter un maître, con-
vaincues qu'il leur dira : « Madame, votre fils a du
génie : faites-lui lâcher ses classes, laissez-le faire
à sa guise. » Le père et la mère le croient original.
Leur enfant, selon eux, n'a rien vu; où donc aurait-il

vu de la peinture, de la sculpture, si ce n'est chez lui? Hélas, le maître, en feuilletant les albums, les cartons du pseudo-innocent, s'aperçoit que le potache, génial dessinateur, coloriste étourdissant, a la mémoire déjà trop pleine de souvenirs hétéroclites; ses trouvailles sont des réminiscences, il a trop regardé de choses, les a trop bien retenues. Oh! ils sont myriades, ces enfants prodiges. Leurs sœurs ont « du goût », aussi pratiquent-elles un métier d'art. Qui n'a un métier d'art? Qui n'achète des magazines illustrés de chromos d'après les maîtres, depuis l'art nègre, le syrien, l'égyptien, jusqu'au cubiste? Les musées d'archéologie n'ont pas plus d'arcanes pour nos écoliers que le Louvre, le British Museum, les galeries privées et publiques, dans les quatre parties du monde; et, de surcroît, ils visitent les petites expositions des marchands de tableaux, les jours de congé. La science et l'art sont à la portée de leur main. Et nous voudrions qu'ils n'y touchassent pas !

Mais, revenons à nos nègres. Les décors, les scènes se succèdent : et à chaque coup ce seront des sujets de méditation sur l'art moderne. Une toile de fond cerise, semée de pastèques, de fleurs, de feuilles d'un vert crispant; une autre, d'un gris froid, représente un gratte-ciel new-yorkais pour guignol, d'une perspective en fuite, improprement appelée « cubiste » par les innocents; on dirait

les décrochez-moi-ça des pochades de « Fauves »,
qu'exposaient dans les brasseries de Ménilmontant
les rapins d'avant-garde : « fauvisme » de bazars,
trucs chipés de-ci, de-là. Ces procédés trop faciles,
si vous les analysiez, vous irriteraient comme des
attrape-nigaud. Mais, après tout, peut-on appeler
cela des trucs chipés? N'est-ce pas plutôt le résultat
d'une influence mystérieuse? Quoi qu'il en soit,
laissez l'astucieuse optique du théâtre recombiner
ces recettes d'atelier; elles prendront pour vous une
fraîcheur nouvelle. Nous sommes loin des savantes
organisations picturales, musicales, des ballets russes;
mais il ne serait pas absurde de se demander si
Diaghilew et ses collaborateurs n'ont pas perdu de
temps à raffiner dans les studios de peintres, dans
les musées, et s'ils ne sont pas victimes d'une
erreur de principe. Il y a tendance à confondre la
plastique du tableau de chevalet avec la plastique
scénique. Une revue du Casino de Paris fait alterner
la reproduction d'un Versailles conventionnel, de
Gaston Latouche, avec un décor que pour plus de
commodité nous appellerons « cubiste ».

La peinture à la mode, prétendue « avancée »
(autre cliché passe-partout), affecte une maladresse
qui est le contraire de la naïveté des maîtres primitifs, des enlumineurs de l'imaginerie populaire. Les
vrais naïfs se font rares, nous venons de dire pour-

quoi. Un Henri Rousseau le douanier est une exception, une anomalie, un monstre. Qu'il ait fait école serait un signe des temps. Les « producers » yankees, comme les fournisseurs des music-halls internationaux, qui s'obstinaient à suivre les traditions commerciales de leur métier, si leur instinct les attache encore à un art doucereux de carte postale et de bonbonnière, leur sens pratique les conduit peu à peu à rafraîchir leur mise en scène dans les courants artistiques les plus avancés. On ne peut plus échapper à cette influence et il n'y a plus aucun mérite à faire de l'art dit indépendant. Ainsi se « modernise-t-on » bon gré, mal gré, sous les influences impondérables, mais fatales, de la mode. Ce spectacle de music-hall nous prouve que les influences, venues d'Europe, se propagent, se transportent au loin, agissant suivant la réceptivité des peuples qui en sont atteints ; mais les moins avertis subissent à leur façon la contagion de cette peinture que, chez nous, tout enfant un peu doué imite, devant ses parents ébaubis. Bientôt, on ne saura plus qui est l'inventeur, qui un adaptateur, de procédés trop vite tombés dans le domaine public. Il est saisissant que l'auteur-amateur de la *Revue Nègre* — une brave dame de la patrie des boîtes de conserves — par une sorte de gageure, nous apporte d'une cité manufacturière un ouvrage scénique ano-

nyme, où la déformation et la stylisation plastiques
semblent plus « à la page » que tant d'autres, comme
un tableau, une statue, une partition, signés d'un de
nos maîtres d'avant-garde.

* *

Nous avons parlé des décors de la *Revue Nègre*,
sans décider de leur valeur intrinsèque. Ils ressemblent à beaucoup d'autres auxquels nous ne faisons plus attention. Le moins qu'on en puisse dire,
c'est qu'avec ou sans prétentions au « grand art »,
ils sont « modernes ». Rien ne fera qu'il n'y ait un
caractère spécifique de notre époque, un esprit
« moderne ». Quant au voluptueux pandœmonium
qui se déchaîne devant ces toiles peintes, ce n'est
qu'un divertissement enfantin, très près de la nature.
L'art y est un accident. Mais peut-être est-ce pour
cela que nous y sommes très sensibles. La surprise
que nous cause ce spectacle, forcément banal aux
États-Unis, tient à ce que cette compagnie de sauvages intercale, pour les music-halls de ce continent-
ci, parmi des chants nationaux et des danses du
terroir, des saynètes d'une coupe spéciale à nos
super-revues.

De quoi se compose la troupe nègre ? On doute
qu'elle soit entièrement indigène. Au-dessus des

coryphées, qui correspondraient au chœur et au corps de ballet, se détachent de cet ensemble si piquant deux ou trois hommes, les Nijinsky, les Chevalier de la revue, et les étoiles : miss Joséphine Baker et miss Maud de Forest. Miss de Forest a la souplesse de reins d'une gitane et d'une danseuse arabe, une ligne qui eût ravi Rodin, et, en plus, la fantaisie. Joséphine Baker a l'outrance de cette Jane Avril que Toulouse-Lautrec dessina avec le *Désossé* du Moulin-Rouge d'antan. Leur organe vocal éraillé — une basse et un soprano — est d'une crieuse des rues, elles émettent les sons d'un ophicléide et d'une crécelle ; les mots anglais que l'on distingue dans le tintamarre sont émoussés, zézayés enfantinement, ou articulés comme par un mégaphone. Leurs lèvres doivent avoir la saveur du pickle au sucre, de la noix de coco, du piment doux, de la goyave, comme une ballerine de chez nous fleurerait le cold-cream, une Russe le cuir de Russie ; on hume par les yeux le sucré-salé de la transpiration, leur sueur d'hamadryade bondissant à travers les forêts vierges aux fleurs vénéneuses. Les mâles, comme échappés d'anciens tableaux de Degas, en haut de forme, en melon, en jaquette, ou en ouvriers des faubourgs, rajeunissent les traditionnels « tiptoe-steps » par quoi Little Tich et nos chanteurs de comédie-musicale terminent leurs couplets franco-

britanniques. Vestris de la compagnie, Louis
Douglas, le plus prestigieux entre ces chorégraphes,
glisse sur la scène sans que l'œil discerne les mouvements de son corps rigide et souple. C'est un
automate, un mannequin, un Pierrot macabre.

L'un des « numéros » se passe devant une église
de campagne. Une veille de Noël ? Un jour de
mariage. Joséphine et Maud, vêtues en mariées gro-
tesques, avec une puissante saveur caricaturale,
satin blanc, fleurs d'oranger, se crêpent le chignon,
se mêlent aux danseurs, aux chanteurs, à des salu-
tistes de village. Puis c'est l'apaisement des can-
tiques et des Christmas Carols, en pleine bamboula
nuptiale. Le ménétrier est Sidney Bechet, le saxo-
phone soliste. Une pleureuse en châle et capeline,
telles les marchandes d'allumettes à Londres,
entonne une de ces délicieuses mélodies irlandaises,
dont nul ne sait l'âge ni la provenance exacte.

Nous suivions avec passion cet épisode compliqué,
d'un humour massif et intense, quand une dame,
assise près de moi, sortit de sa somnolence.
« Chut ! chut ! assez. » Ces mots risqués par
l'honorable personne, restèrent sans écho. Ses sen-
timents religieux sont-ils blessés ? me dis-je. Non,
elle ne se doutait sans doute pas que ce fussent des
hymnes que chantaient ces nègres parpaillots. Je
finis par comprendre. Une matrone en madras venait

de découvrir ses mollets enrubannés de jarretières
roses et vertes. L'éléphantiasique Mère Gigogne au
postérieur ballonné ayant fait sauter ses mamelles
hors nature, ma voisine explosa derechef, s'écriant :
« On ne vient pas ici pour voir tant de laideur ! »
Enfin ! quelqu'un émettait une opinion ; et, Dieu
me pardonne ! une opinion esthétique. Car la cause
de mon plus constant malaise, parmi ce public de
matinée, était de ne pas savoir s'il trouvait ce spectacle beau, laid, amusant, ennuyeux.

La dame remit son chapeau, sortit. Les autres
spectateurs étaient comme accablés. Ils restèrent
vissés à leur stalle pendant le contagieux « branle »
final, ce suprême trémoussement de tous les prota-
gonistes de la Revue sous la conduite de Joséphine
Baker, des noirs derviches tourneurs en veston et
du chef de jazz, lequel, en smoking, pliant les
genoux, aux aguets, la mâchoire prête à dévorer,
comme les chiens la dépouille du cerf, frappe les
timbales, scande de triolets formidables la danse
de ces énergumènes, en un crescendo après lequel
il semble qu'ils vont s'écraser à terre. Mais non,
ce soir, ils vont, frais et dispos, recommencer
leurs bamboulas démoniaques devant une autre
assemblée, moins paterne, j'imagine, que ces mou-
tons du jeudi.

Naguère, la *Revue Nègre* aurait dû une part de

sa vogue à sa singularité piquante, parmi les autres
numéros d'un programme un peu rance ; mais un
public qui vit parmi les exotiques ne s'étonne plus
de rien ; il n'a plus d'odorat.

Lors de la répétition générale du *Sacre*, la vieille
comtesse de Pourtalès, la célèbre mondaine du
Second Empire, qui avait assisté, tremblante, à la
houleuse première de *Tannhaüser* avec la princesse
de Metternich, s'ébroua dans sa loge, protestant
avec colère contre le scandale qu'était l'ouvrage de
Stravinsky et Roerich. « Nous ne sommes plus en
France ! » s'était-elle écriée ; elle faillit être
écharpée par les jeunes gens enthousiastes qui
venaient d'envahir le pourtour de l'amphithéâtre,
insultaient les belles dames en diadème et les
autres siffleurs. Ces soirées épiques, où l'on en
venait aux mains pour une œuvre d'art, voilà ce
que la salle des Champs-Élysées ne nous montrera
peut-être plus. Le public, bien plus que la qualité
des ouvrages, s'est métamorphosé. Il nous semble
significatif que ce public de Folies-Bergère, de
Moulin-Rouge, de dancing, de « boîtes » montmar-
troises, si accoutumé qu'il soit aux nègreries, à
l'exotisme de cirque et de music-hall, ne semble
pas sentir qu'il est en face d'un spectacle, aussi
rare, aussi offensant pour lui, que le *Sacre* pouvait
l'être pour Mme de Pourtalès. Cette Joséphine

Baker, cette Maud de Forest, Mistinguetts des tropiques, aux cheveux huilés, collés (non plus crépus !) ; ces splendides créatures, charnues et musclées, aux visages d'androgynes fardés, qui sont les « Girls » de la troupe nègre ; ces grosses mères fessues, ventrues, à mamelles en forme d'outre ; toute cette tribu délirante, hurlante, rieuse d'un rire sinistre, serait aussi effrayante au naturel, dans son village natif, parmi les huttes de paille et les bananiers, qu'étaient, dans le *Sacre du Printemps*, les inoubliables femelles qui semblaient vouloir accoucher la terre, débonder les citernes d'un ciel noir d'orages qu'attendent les champs desséchés par l'hiver. Les unes et les autres, ces créatures, soit par l'artifice du costumier, soit par leur propre nature, d'un caractère ethnique à peine édulcoré, nous reportent aux temps préhistoriques, comme le *Sacre* d'Igor Stravinsky. Une revue américaine, avec ses bamboulas de nègres, semble aujourd'hui relier les origines de la race humaine aux siècles des convulsions sociales, cet art de sauvages à la peinture, à la musique, à la chorégraphie des Occidentaux.

Et moi qui aurais dû être blessé de plusieurs manières par ce spectacle si peu dans notre tradition de mesure et de goût, non seulement j'en appréciais toute la nouveauté, mais j'éprouvais une sorte

de plénitude et de satisfaction de l'esprit, comme
en face d'une chose achevée. J'y trouvais une manifestation de cet esprit moderne que je n'avais pas
vu à l'Exposition.

TABLE DES MATIÈRES

1208. — ÉVREUX, IMPRIMERIE CH. HÉRISSEY. — 7-28.